역사 교과서
집필진이 쉽게
풀어 주는

술술

한국사

6 현대

그림 한용욱

대학에서 동양화를 공부했다. 프리랜서 일러스트레이터로 일하며 따뜻한 그림을 그리려고 노력하고 있다.
그동안 그린 책으로는 〈역사야 친구하자〉 시리즈의 《대한 독립을 위해 싸운 영웅 안중근》 〈초등 저학년을
위한 처음 한국사〉 시리즈, 《조선 통신사 여행길》 《선녀와 나무꾼》 《금도끼 은도끼》 《꽃길》 《숲이랑 놀아
요》 《옛 그림 속에 숨은 문화유산 찾기》 등이 있다.

역사 교과서 집필진이 쉽게 풀어 주는
술술 한국사 ❻ 현대

1판 1쇄 발행 | 2015. 1. 5.
1판 8쇄 발행 | 2019. 10. 18.

원유상 글 | 한용욱 그림 | 오정현 감수

발행처 김영사 | 발행인 고세규
등록번호 제 406-2003-036호
등록일자 1979. 5. 17.
주소 경기도 파주시 문발로 197(우10881)
전화 마케팅부 031-955-3100 편집부 031-955-3113~20
팩스 031-955-3111

ⓒ 2015 원유상

값은 표지에 있습니다.
ISBN 978-89-349-6923-5 44900
    978-89-349-6917-4 (세트)

좋은 독자가 좋은 책을 만듭니다. 김영사는 독자 여러분의 의견에 항상 귀 기울이고 있습니다.
독자의견전화 031-955-3139 | 전자우편 book@gimmyoung.com
홈페이지 www.gimmyoungjr.com | 어린이들의 책놀이터 cafe.naver.com/gimmyoungjr

이 도서의 국립중앙도서관 출판시도서목록(CIP)은 서지정보유통지원시스템 홈페이지(http://seoji.nl.go.kr)와
국가자료공동목록시스템(http://www.nl.go.kr/kolisnet)에서 이용하실 수 있습니다. (CIP제어번호 : CIP2014028436)

어린이제품 안전특별법에 의한 표시사항
제품명 도서 제조년월일 2019년 10월 18일 제조사명 김영사 주소 10881 경기도 파주시 문발로 197
전화번호 031-955-3100 제조국명 대한민국 ⚠주의 책 모서리에 찍히거나 책장에 베이지 않게 조심하세요.

일러두기

1. 책 속에 들어간 인용문은 원문을 최대한 살리는 것을 원칙으로 하되, 읽고 이해하는 데 어려움이
   있는 부분은 현대적 표현으로 바꾸어 실었습니다.
2. 찾아보기는 내용상 중요한 단어들로 뽑았으며, 본문에서도 색글자로 강조했습니다(단 중복해서
   나오는 단어는 처음 한 번만 강조).
3. 어려운 용어나 덧붙여 설명할 내용이 있는 단어 앞에 •를 표기했습니다.

역사 교과서
집필진이 쉽게
풀어 주는

술술
한국사

6 현대

원유상 글 | 한용욱 그림 | 오정현 감수

주니어김영사

가장 뜨거운 화두인
한국사

　한국사는 오늘날 영토 갈등, 역사 왜곡 등 세계 여러 나라와 얽힌 이해관계 및 국내외의 정세와 맞물려 한층 그 중요성이 강조되고 있습니다. 또 얼마 전에는 '한국사 교과서 국정 교과서화' 논란이 다시 일기도 했지요. 이에 교육 현장에서는 올바른 역사 교육을 통한 역사 바로 세우기에 대한 관심이 높아지고, 구체적인 대책을 마련해 역사 교육을 강화하려는 방침을 세우고 있습니다. 2017학년도 수능부터 모든 수험생이 필수적으로 한국사를 응시하도록 하면서, 한국사의 중요성은 더욱 증대되고 있는 실정입니다. 더불어 강화된 정책만큼 한국사를 어떻게 가르치고 공부해야 하는지에 대한 교육 현장의 고민도 늘어나고 있습니다.

　우리나라 사람들이 역사에 가장 관심을 갖는 시기는 학창 시절입니다. 요즘은 초등학교 고학년부터 역사를 배웁니다. 그러다가 중학교 때 다시 배우기 시작하는 《역사 1》은 초등학교 역사에 비해 훨씬 어렵습니다. 정보량이 갑자기 폭발적으로 늘어나기 때문입니다.

　〈역사 교과서 집필진이 쉽게 풀어 주는 술술 한국사〉(이하 〈술술 한국사〉) 시리즈는 변화하는 역사 교육의 소용돌이 속에서 든든한 안내자 역할을 하며 다년간 교육 현장에서 역사 교육에 종사해 온 전문가들에 의해 기획되었습니다. 청소년의 수준을 고려해 쉽고 흥미롭게 한국사를 접할 수 있도록 내용을 선별하고 친절하게 서술하는 데 온힘을 쏟았기 때문에 어려워지는 한국사 수업에 침착하게 대처할 수 있게 합니다. 따라서 〈술술 한국사〉 시리즈는 수능시험에서 필수 과목으로 한국사에 응시해야 하는 현재의 중·고등학생들을 위해서라도 반드시 필요한 책이라고 생각합니다.

감수를 맡으면서 검토해 본 결과, 〈술술 한국사〉의 최대 장점은 최신 교과 과정과 이후 교과 개편 방향을 반영하면서도 술술 읽히도록 자연스럽게 풀어냈다는 점입니다. 암기식 학습으로 한국사에 흥미를 잃은 청소년들을 위한 반복 학습용으로 손색이 없다고 생각합니다. 특히 이 시리즈는 어느 한쪽으로 치우치지 않고 인물, 정치, 문화, 대외 관계 등을 흐름 속에서 파악할 수 있게 하는 한편, 내용의 흐름을 방해하지 않는 수준의 다양한 사진과 자료, 도표 등으로 내실을 강화했고, 중·고교 교과 이후에 알아도 될 정보는 과감히 빼, 기존의 초등학생들을 위한 흥미 위주의 역사서와 성인을 위한 난해한 역사 교양서의 중간 다리가 되어 줄 것입니다.

이 책의 또 다른 특징은 근현대사에 대한 비중을 높였다는 점입니다. 개항기와 일제 강점기를 전공한 저에게는 청소년 대상 근현대사 교육이 강화되는 것이 바람직하다고 생각합니다. 기존의 한국사 도서들은 조선 후기까지의 역사만 자세하게 다룰 뿐 근현대사의 미묘한 부분을 제외시키거나 간략하게 언급하고 넘어가는 정도였지만, 〈술술 한국사〉는 청소년들의 바른 알 권리를 위해 근현대사를 세 권의 분량으로 다루고 있는 점이 눈에 띕니다.

〈술술 한국사〉의 저자들은 교과서를 집필하고 실제 현장에서 역사 교육에 몸담고 있는, 이미 이 분야에서 실력을 검증받은 분들입니다. 아무쪼록 〈술술 한국사〉가 역사에 대한 학습 도우미를 넘어 청소년들의 역사관을 바로 세우는 데 일조할 것을 기대합니다.

감수자 대표 한철호

역사,
현대를 보는 거울

역사는 과거에 있었던 사건들을 통해 당시 인류의 삶을 살펴보고, 현재 우리의 삶을 과거와 연관시켜 이해할 수 있는 계기를 제공합니다. 아울러 인류와 그들을 둘러싼 환경에 관한 폭넓은 이해와 안목을 키울 수 있도록 도와주기도 합니다. 여기서 과거란 굉장히 긴 시간을 의미합니다. 인류가 등장하고 난 뒤부터 지금 이전의 시간 모두를 포함하지요.

구석기 시대부터 오늘날까지의 한국사 중에서 어떤 과거, 즉 어떤 시대가 가장 중요할까요? 이 질문에 정답은 없습니다. 그것은 한국사를 바라보는 사람의 관점에 따라 다를 수 있기 때문입니다. 절대적인 기준은 없지요. 다만 저는 가장 중요한 시대로 현대사를 꼽습니다. 현대사는 현재의 대한민국을 제대로 알 수 있는 가장 가까운 시대이고, 당장 우리나라가 풀어야 할 여러 과제와 미래에 대한 직접적인 방향을 제시해 줄 수 있기 때문입니다.

하지만 현대사를 다루는 것은 쉬운 일이 아니랍니다. 현대사가 지니는 역사적 중요성이 크고, 현대사에 등장하는 인물 중 아직까지 생존해 있는 인물에 대해서는 객관적으로 평가하기가 어렵기 때문입니다. 또한 최근에 벌어진 일들을 다루고 있어 그 시시비비를 가리기가 매우 어렵습니다. 그러다 보니 각 사건마다 바라보는 다른 관점이 존재하고 논란과 논쟁이 끊이질 않지요. 이 책에서는 그러한 문제점을 해결하기 위해 여러 사건과 인물들을 최대한 정확하고 객관적으로 전달하기 위해 노력했습니다.

먼저 현대사를 있는 그대로 서술해 현재를 사는 우리들이 교훈으로 삼을 수 있도록 했습니다. 8·15 광복 이후 대한민국 정부의 수립과 민주주의의 발전, 경제의 성장, 통일을 위한 남북의 노력 그리고 주변 국가와의 영토 문제와 역사 갈등 등 현대사의 전반을 편향되지 않은 시선으로 다루었습니다. 이를 위해 당시의 신문 기사와 정부 공식 문서 등을 하나하나 직접 확인했지요. 이에 대한 평가는 독자 여러분의 몫입니다. 역사는 결국 역사를 바라보는 사람에 의해 완성되기 때문입니다.

청소년들이 학습하는 데 필요한 현대사의 모든 요소들을 담기 위해 애쓰는 한편 현대사의 다양한 에피소드와 뒷이야기를 함께 수록해 교과서나 수업 시간에 깊이 있게 다루지 못한 이야기들을 흥미진진하게 다루고자 했습니다. 이를 통해 독자들이 좀 더 쉽게 한국사에 다가갈 수 있게 되길 고대해 봅니다.

우리가 역사를 공부해야 하는 이유는 단순히 과거를 기억하기 위해서가 아닙니다. 옛일을 통해 오늘날의 잘못을 바로잡고, 보다 나은 미래를 준비하기 위해서이지요. 그런 의미에서 이 책을 통해 오늘날 우리나라가 풀어야 할 과제들을 깊이 있게 고민해 보길 바랍니다.

원유상

| 차 례 |

1장

광복과 대한민국 정부 수립

일제 강점기라는 어둠의 터널을 빠져나온 우리나라는 1945년 8월 15일에 마침내 광복을 이루었어요. 민족의 큰 경사였지요. 하지만 광복을 했다고 해서 우리나라가 곧바로 홀로 설 수 있었던 것은 아니에요. 3년이라는 세월이 더 필요했답니다. 어렵사리 이루어 낸 대한민국 정부의 수립과 민족 전쟁이라는 또 다른 시련까지, 광복 직후부터 6·25 전쟁까지의 이야기를 살펴보도록 해요.

광복의 기쁨과
38도선의 확정

만세를 외치며 거리로 쏟아져 나온 사람들이 남녀노소 할 것 없이 부둥켜안고 기쁨의 눈물을 흘렸어요. 1945년 8월 15일, 우리 민족은 마침내 일제 강점기라는 암흑기에서 벗어났어요. 광복이라는 말 그대로, 빛을 되찾은 거예요.

"나는 세계의 큰 흐름과 일본 제국의 현재 상황을 고려했다. 비상조치로써 현재의 상황을 수습하기 위해 충성스러운 신하와 국민들에게 알린다. 나는 우리 일본 정부에게 미국, 영국, 중국, 소련 4개국이 했던 공동 선언을 수락한다는 것을 알리도록 했다."

— 히로히토(일본 천황)

그날 정오. 라디오에서 일본의 천황인 히로히토의 목소리가 조그맣게 흘러나왔어요. 그리고 이 소식은 순식간에 퍼져 나갔지요. 일본이 결국 항복했다는 소식에 우리나라 사람들은 환호성을 질렀어요. 하지만 이 사실에 대해 의문을 품은 사람도 없지 않았답니다.

　사실 히로히토는 '항복'이라는 말을 사용하지 않았어요. 단지 전쟁을 끝내겠다고 표현했을 뿐이지요. 오히려 자신들이 벌인 전쟁은 일본의 자존과 동아시아의 안정을 위한 것이었다며 다른 나라의 주권을 침해하거나 영토를 넓힐 생각은 없었다고 변명을 늘어놓았어요.

　그런 이유 때문인지 중국은 8월 15일이 아닌 9월 3일을 일본의 침략 전쟁에서 벗어난 날로 기념하고 있어요. 일본이 1945년 9월 2일에 연합군이 제시한 항복 문서에 공식 서명했거든요. 중국은 일본이 항복 서명을 한 그 다음 날을 기념일로 정하고 오늘날까지 기억하고 있지요. 하지만 우리는 히로히토가 8월 15일에 *포츠담 선언을 받아들인다고 발표했으므로, 그날을 일본이 항복한 날로 보고 있답니다.

포츠담 선언 1945년 7월에 미국·영국·중국의 대표가 포츠담에 모여, 일본의 항복 조건과 제2차 세계 대전 후 일본에 대한 전후 처리 방침을 발표한 선언. 우리나라의 독립도 이 선언에서 약속되었다.

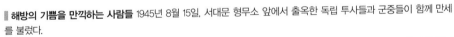

‖ **해방의 기쁨을 만끽하는 사람들** 1945년 8월 15일, 서대문 형무소 앞에서 출옥한 독립 투사들과 군중들이 함께 만세를 불렀다.

광복 후 우리나라의 민족 지도자들은 새로운 정부를 수립하기 위해 발 빠르게 움직였어요. 국내에서는 여운형이 조선 건국 준비 위원회를 조직해 독립 국가를 건설하기 위해 준비했고, 해외에서는 임시 정부가 국내로 들어올 준비를 했지요. 그 밖에 국내외에 있는 여러 사람들이 정부 수립에 큰 관심을 가지고 있었어요. 하지만 우리 민족의 바람과 달리 정부는 수립되지 못했어요. 광복의 기쁨을 누리는 것도 잠시, 미국과 소련이라는 강대국이 우리나라를 좌지우지하기 시작했거든요.

한반도에서 일본군을 완전히 철수시키기 위해서는
우리가 나서야 할 것이오.

무슨 좋은 생각이라도 있소?

북위 38도선을 경계로 남쪽은 미군이,
북쪽은 소련군이 당분간 맡는 것이 어떻소?

그거 좋은 생각이오. 그렇게 하도록 합시다.

지리상 한반도와 가까이 있던 소련이 적극적으로 행동하면 한반도가 공산화될 수도 있다고 판단한 미국은 어떻게 해서든 한반도에 공산주의가 퍼지는 것을 막으려 했어요. 그래서 생각해 낸 것이 분할 통치였지요. 미국은 일본군의 무장 해제와 완전 철수를 명분으로 소련에게 한반도를 남북으로 나누어 통치하자고 했어요. 미국이 일본의 항복을 받아 내는 데 결정적인 역할을 했기 때문에 소련은 미국의 제안을 무시할 수 없었지요.

1945년 8월에 이미 한반도에 들어와 있던 소련군에 이어 그해 9월 8일, 분할 통치를 위해 미군이 인천에 도착했어요. 우리가 광복을 맞이한 지 채 한 달도 지나지 않은 때였지요. 미군은 곧 한반도 남쪽에서 *군정을 시작한다고 선포했어요.

"한반도 북위 38도선 이남 지역에 대한 행정권은 당분간 오직 나, 맥아더에게 있습니다. 그 어떠한 단체도 정부 역할을 할 수 없을 것입니다."

육군 대장인 맥아더가 이끄는 미군정 체제 아래에서 여운형의 조선 건국 준비 위원회는 어떠한 힘도 발휘할 수가 없었어요. 그 뒤로 김구, 이승만 등 해외에서 독립운동을 펼치던 민족 지도자들도 속속 국내로 들어왔지만 이들 역시 정부 설립에 관한 어떠한 활동도 할 수 없었지요.

38도선 이북 지역은 예정대로 소련군이 점령했어요. 소련군이 김일성을 비롯한 공산주의자들을 내세우고 간접 통치를 실시하면서 38도선 이북 지역은 빠른 속도로 공산화가 진행되었지요.

미군과 소련군이 한반도를 분할하여 통치한 지 수개월이 지났어요. 그러는 동안 우리나라의 독립 정부가 수립될 기미는 전혀 보이지 않았지요. 38도를 기준으로 나눈 선은 표면적으로는 남과 북의 경계선이었지만 사실은 미국을 대표로 하는 자유주의와 소련을 대표로 하는 공산주의의 대결 선이나 마찬가지였어요. 강대국들의 대결 구도 속에서 우리 민족은 뜻을 펴지 못한 채 휘둘리고 있었답니다.

군정 전시 또는 전후에 점령지에서 군대가 행하는 임시 행정

통일 정부로 가는
험난한 길

　1945년 12월에 모스크바에서 한반도의 정부 수립 문제를 놓고 국제회의가 열렸어요. 미국·영국·소련 세 나라의 외무 장관이 모인 이날의 회담을 모스크바 3국 외상 회의라고 해요. 그런데 이 회의는 공개적으로 진행된 것이 아니었어요. 한반도 문제를 논의하는 회의인데도 우리나라 사람들은 회의의 결과는 물론, 회의가 시작된 사실조차 알지 못했지요.

　그러던 중 국내의 한 신문에서 모스크바 3국 외상 회의가 열렸고, 이 회의에서 한반도에 대한 신탁 통치가 논의되었다는 내용의 기사를 보도했어요. 그런데 회의에서 결정한 구체적인 내용이 아니라, 신탁 통치에 관한 내용만 중점적으로 보도되면서 우리 민족은 크게 동요했어요. 회의의 주역이었던 미국과 영국, 소련도 우리 민족의 반응에 당황했지요. 모스크바 3국 외상 회의의 결정 사항 중에 신탁 통치에 관한 내용이 있는 것은 맞았지만 그것은 일부분이었고, 실제로는 한반도의 통일 정부 수립에 관한 내용을 주로 논의했거든요. 다음은 모스크바 3국 외상 회의 결정서의 주요 내용이에요.

1. 한국을 독립 국가로 재건설하며, 민주주의적 원칙하에 발전시키고, 일본 통치의 잔해를 빨리 청산할 조건들을 조성할 목적으로 임시 민주주의 정부를 수립한다.
2. 임시 민주 정부 수립을 돕기 위해 민주주의적 정당·사회단체들과 협의를 통해 미·소 공동 위원회를 설치한다.
3. 미·소 공동 위원회는 최대 5년 기한으로 미·영·중·소 4개국 신탁 통치를 하는 내용을 임시 민주 정부와 협의한 후 제출해야 한다.

이후 모스크바 3국 외상 회의의 결정 사항이 발표되었어요. 처음에 알려졌던 것과 달리 임시 민주 정부의 수립과 미·소 공동 위원회의 개최에 관한 내용이 주를 이루고 있었지요. 신탁 통치는 최대 5년이며 임시 민주 정부와 협의한다는 내용이 명시되어 있었어요.

하지만 그때만 해도 오늘날처럼 매체가 발달하지 않았던 터라, 한 번 신탁 통치에 대한 소문이 퍼지고 나자 회의의 상세한 결정 사항이 공개되었는데도 사회적 분위기는 쉽게 바뀌지 않았어요. 우리나라 국민들 대다수는 신탁 통치에 반대했어요. 이제 겨우 일제 강점기에서 벗어나 광복을 맞는데 식민 지배나 다름없는 신탁 통치가 웬 말이냐는 것이었지요.

그런데 이때 *좌익 세력이 태도의 변화를 보이면서 분위기가 달라졌어요. 모스크바 3국 외상 회의의 소식이 처음 알려졌을 때까지만 해도 신탁 통치를 반대

좌익 급진적이거나 사회주의적·공산주의적인 경향. 또는 그런 단체. 1792년 프랑스 국민 의회에서, 급진파인 자코뱅당이 왼쪽 의석을 차지한 데서 나온 말이다. 반대로 오른쪽 의석을 차지했던 지롱드당을 보며 보수적이거나 국수적인 경향 또는 그런 단체를 의미하는 우익이라는 말이 나왔다.

했던 좌익 세력이 갑자기 입장을 바꾼 거예요. '모스크바 3국 외상 회의에 대한 총체적 지지'로 말이에요.

좌익 세력은 모스크바 3국 외상 회의의 핵심이 임시 민주 정부 수립이며, 한반도에 통일 정부가 수립되는 것이 중요하므로 이 회의의 결정을 지지한다고 밝혔어요. 독립과 신탁 통치는 대립되는 것이 아니라 오히려 독립을 촉진하고 보장하기 위한 방안이라고 주장했지요.

이에 우익 세력은 이들의 태도를 크게 비난하고 나섰어요. 허울 좋은 임시 민주 정부 수립에 현혹되어 신탁 통치의 본질은 보지 못한다고 강하게 비판하며, 좌익 세력이 민족의 앞날은 생각하지 않고 그저 소련의 지령만 쫓을 뿐이라고 했지요.

좌익과 우익의 대립이 심화되던 것과 별개로 미국과 소련은 모스크바 3국 외상 회의의 결정 사항을 이행하기 위해 첫발을 내딛었어요. 1946년 3월에 임시

■ 모스크바 3국 외상 회의의 결정을 지지하는 좌익 세력(좌)과 반대하는 우익 세력(우)

민주 정부의 수립을 논의하기 위한 미·소 공동 위원회가 개최되었지요. 자유주의 국가를 대표하는 미국과 공산주의 국가를 대표하는 소련은 한반도에 어떤 성향의 정부가 세워질 것인가를 놓고 촉각을 곤두세웠어요. 이로 인해 미·소 공동 위원회의 회의는 순조롭게 진행되지 못했지요. 특히 임시 민주 정부 수립에 참여할 정당과 사회단체를 두고 첨예하게 대립했는데 미국과 소련 모두 서로 한 발도 물러서지 않았답니다.

아무 정당이나 사회단체를 참여시키는 것은 혼란만 가중시킬 뿐이오. 임시 민주 정부를 구성하기 위한 정당과 사회단체는 기본적으로 모스크바 3국 외상 회의의 결정 사항을 지지해야 한다는 원칙을 정해야 하오.

그게 무슨 말이오? 지금 모스크바 3국 외상 회의를 지지하는 정당과 사회단체는 모두 공산주의 세력이잖소? 임시 민주 정부를 공산주의 세력으로만 구성하자는 것이오? 절대 동의할 수 없소.

시작부터 삐거덕거렸던 미·소 공동 위원회는 미국과 소련의 의견 대립으로 인해 별다른 결실도 얻지 못한 채 무기한 연기되고 말았어요. 좌익 세력과 우익 세력 사이의 신탁 통치를 둘러싼 찬반 논쟁은 더욱 극심해졌지요. 그러자 이 상황을 지켜보던 이승만이 나섰어요. 그해 6월에 이승만은 정읍에서 국민들을 향해 다음과 같이 연설했답니다.

▌미·소 공동 위원회의 예비회담 모습 1946년 1월 16일부터 2월 6일까지 서울 덕수궁에서 미·소 공동 위원회를 개최하기 위한 예비회담이 열렸다.

▌이승만(1875~1965)

"미·소 공동 위원회가 무기한 휴회되었습니다. 언제 다시 열릴지 그 누구도 알 수 없습니다. 이렇게 되면 통일 정부 수립이라는 우리의 바람도 뜻대로 이루지 못할 것입니다. 따라서 우리 남한만이라도 임시 정부 또는 위원회 같은 것을 조직해서 38도선 이북에서 소련이 물러가도록 세계 여론에 호소해야 할 것입니다."

이승만은 남북한 통일 정부를 수립하기 어려운 상황이라면 남한만이라도 단독 정부를 수립하는 것이 당시에 취할 수 있는 최선의 방책이라고 생각했어요. 이승만은 이후 남한에 단독 정부를 수립하기 위해 미국에 건너가 외교 활동을 펼치는 등 적극적으로 나섰어요. 상황이 이렇게 흘러가자 민족 지도자들은 이승만의 행동을 크게 우려하는 한편, 다양한 입장으로 나뉘기 시작했지요.

　한쪽에서는 이승만의 주장을 옹호하며 소련은 한반도의 공산화에만 관심이 있을 뿐이라고 주장했어요. 그러자 또 다른 쪽에서는 남한만의 단독 정부를 수립했다가는 북한에서도 정부를 수립해 두 개의 정부가 생길지도 모르는 상황에 대한 우려를 드러냈지요. 일본의 통치에서 벗어난 것을 기뻐하며 하나의 독립 국가를 세우고자 했던 이들에게 이승만의 발언은 청천벽력과 같은 소리였지요.

　이처럼 통일 정부로 가는 길목에서 우리 민족은 혼란에 혼란을 거듭했어요. 강대국들의 대결 구도와 이해관계가 얽혀 있는 데다가 우리 민족 내부에서도 입장의 차이를 좁히지 못해 통일 정부로 향하는 배는 방향을 잃고 떠돌고만 있었어요.

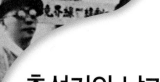

총선거와 남과 북의
단독 정부

　미국과 소련 그리고 좌익과 우익의 대결 구도 속에서 통일 정부의 수립이 난항을 겪자 이번에는 중도 세력이 나섰어요. 여운형과 김규식이 대표적인 인물이었지요.

　조선 건국 준비 위원회 때부터 정부 수립에 대한 의지가 남달랐던 여운형은 김규식과 뜻을 같이하며 좌익과 우익 세력 사이에서 합의점을 찾고자 했어요. 여운형과 김규식은 모두 중도 세력으로 분류되기는 하나 사실 여운형은 좌익에 조금 더 가깝고, 김규식은 우익에 조금 더 가까웠지요. 이 두 사람은 두 세력을 모두 설득하기 위해 노력했어요.

　1946년 7월에 여운형과 김규식은 좌익과 우익의 합의를 통해 정부를 수립하겠다는 목적 아래 좌우 합작 위원회를 결성했어요. 좌우 합작 위원회는 통일 정부 수립에 대한 좌익 세력과 우익 세력의 주장을 조율하기 위해 노력했어요. 하지만 토지 개혁 문제와 친일파 처리 문제 등 여러 가지 사안을 둘러싸고 주장은 첨예하게 갈렸지요. 그럼에도 좌우 합작 위원회는 결성된 지 약 3개월 만에 좌우 합작을 위한 7가지 원칙을 발표했답니다.

1. 조선의 민주 독립을 보장한 삼상회의 결정에 의하여 남북을 통한 좌우 합작으로 민주주의 임시 정부를 수립할 것.
2. 미·소 공동 위원회를 속히 개최할 것을 요청하는 공동 성명을 발할 것.
7. 전국적으로 언론, 집회, 결사, 출판, 교통, 투표 등 자유를 절대 보장하도록 노력할 것.

하지만 좌우 합작 7원칙은 양쪽 모두를 만족시키기는커녕, 좌익과 우익 모두에게 환영받지 못했어요. 결국 좌우 합작 운동은 점차 그 힘을 잃고 말았지요.

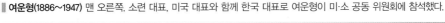
█ **여운형(1886~1947)** 맨 오른쪽. 소련 대표, 미국 대표와 함께 한국 대표로 여운형이 미·소 공동 위원회에 참석했다.

그렇게 또 한 해가 지나고 다시 희망적인 소식이 들려왔어요. 그것은 미·소 공동 위원회가 다시 개최된다는 소식이었지요. 제1차 미·소 공동 위원회가 특별한 성과를 거두지 못한 채 결렬된 지 약 1년 만의 일이었어요. 하지만 제2차 미·소 공동 위원회는 이전과 다를 바가 없었어요. 당시 냉전 중이던 미국과 소련이 서로 으르렁거릴 뿐이었지요. 갈수록 냉전이 심화되는 상황에서 두 나라가 합의점을 찾는 것은 현실적으로 쉽지 않은 일이었어요.

모스크바 3국 외상 회의의 결정 사항을 이행하는 것은 사실상 불가능한 일이 되고 말았어요. 제1차에 이어서 제2차 미·소 공동 위원회도 별다른 성과 없이 휴회를 거듭하고 있었기 때문이지요. 게다가 그나마 명맥을 유지하던 좌우 합작 운동도 이 무렵 여운형이 반대 세력에게 피살되면서 사실상 끝이 나고 말았지요.

한반도의 정부 수립에 관한 논의가 난관에 부딪히자 미국이 결단을 내렸어요. 더 이상 소련과 한반도에 관한 문제를 논의하는 것은 무의미하다며 한반도의 문제를 국제 연합, 즉 유엔(UN)에 상정했지요. 유엔은 제2차 세계 대전 이후 국제 평화를 위해 결성된 국제 평화 기구로, 당시 유엔에서 미국의 영향력은 대단했어요. 그렇기 때문에 미국은 유엔이 한반도의 문제를 미국에 유리한 방향으로 잘 해결해 줄 것이라고 믿은 거예요.

드디어 '한국의 독립 문제'라는 안건을 놓고 총회가 열렸어요. 그리고 1947년 11월에 다음과 같은 결의안이 통과되었어요.

유엔은 한반도 정부 수립을 위해서 인구 비례에 의한 남북한 총선거를 실시하기로 했다. 이 총선거를 통해 국회가 구성되고 헌법이 제정되면 그 헌법에 따라 한반도에 정부가 수립될 것이다.

유엔이 한반도의 총선거 실시를 결정하고 얼마 지나지 않아 선거를 치르기 위해 유엔 한국 임시 위원단이 파견되었어요. 하지만 소련이 유엔 한국 임시 위원단의 38도선 이북 지역 방문을 거부하는 바람에 선거를 실시하는 데 차질이 생기고 말았답니다.

소련이 유엔에 거부 의사를 밝힌 것은 유엔이 결정한 '인구 비례에 의한 남북한 총선거'가 소련과 북한 측에 불리한 조건이었기 때문이에요. 평야 지대가 많은 38도선 이남 지역은 전통적으로 인구가 많아요. 반면에 산악 지대가 많은 38도선 이북 지역은 상대적으로 인구가 적지요. 그러니 지역 인구수를 고려해 국회 의원을 선출한다면 당연히 남쪽에서 선출되는 국회 의원 수가 더 많을 거예요. 이는 정부 수립에 있어서도 남쪽이 북쪽보다 유리하다는 것을 의미했지요. 소련은 바로 이 점을 우려했어요.

소련의 거부로 1948년 2월에 유엔은 다시 소총회를 열었어요. 그리고 다음과 같은 결정을 내렸지요.

> 한반도에서 총선거를 하겠다는 결정은 유효하다. 하지만 현실적으로 선거가 어려운 지역이 있다면 선거가 가능한 지역에서 우선 실시한다.

여기서 '선거가 가능한 지역에서 우선 실시'는 무엇을 의미할까요? 38도선 이북 지역이 총선거를 거부하고 있는 상황에서 이와 같은 결정을 내린 것은 사실상 남한만 단독으로 총선거를 하겠다는 말과 같았어요. 통일 정부를 수립하고자 했던 우리 국민들의 꿈은 점점 멀어져 갔지요. 유엔의 단호한 결정에 김구가 반대 의사를 밝혔어요. 일제 강점기에는 민족의 독립을 위해서, 또 광복 이후에는 통일 정부 수립을 위해서 노력해 왔던 김구였기에 한반도가 남과 북으로 나뉘려는 이 상황을 지켜볼 수만은 없었지요.

삼천만 형제, 자매 여러분. 한국이 있어야 한국 사람이 있는 것입니다. 또한 한국 사람이 있어야 민주주의도 공산주의도 무슨 단체도 있는 것입니다. 지금은 자주독립 통일 정부를 수립하려는 때입니다. 이때에 어찌 개인이나 집단의 사리사욕을 탐하여 국가와 민족의 백년대계를 그르칠 자가 있겠습니까?

－김구, 〈삼천만 동포에게 울며 고함〉 중에서

▌**김구(1876~1949)** 가운데. 38도선 표지 앞에서 서 있는 모습이다. 남북 협상을 하기 위해 북한으로 향하는 길이다.

김구는 이 글을 발표하고 38도선을 넘어가서 북한의 지도자를 만나겠다고 했어요. 이때 김구와 뜻을 같이한 사람이 바로 여운형과 함께 좌우 합작 위원회를 이끌었던 김규식이었어요. 김구와 김규식은 당시 북한의 지도자였던 김일성과 김두봉에게 남북 정치 협상을 제의했어요. 북한에서는 김구 등의 제의를 받아들이면서 협상이 진행되었지요.

1948년 4월에 김구와 김규식 등은 통일 정부 수립에 관한 논의를 하기 위해 평양으로 향했어요. 남북 협상을 벌였지만 별다른 성과를 얻지는 못했어요. 당시 남한에서 총선거 준비가 한창인 것과 마찬가지로 북한에서도 정부 수립을 위한 구체적인 절차가 진행되고 있었거든요. 그러니까 북한 지도자들은 남북 정치 협상에 큰 의미를 부여하지 않고, 그저 명분을 얻기 위해 김구와 김규식의 제안에 응한 셈이었어요. 처음부터 북한은 단독 정부 수립에 뜻이 있었던 것이지요. 큰 기대를 안고 북쪽으로 갔던 김구와 김규식 등은 쓸쓸한 마음으로 다시 남한으로 돌아왔답니다.

대한민국 정부의
수립

　유엔 소총회의 결정 이후, 38도선 이남 지역에서는 총선거 준비가 한창이었어요. 총선거의 시기는 그해 5월 10일로 정해졌지요. 하지만 총선거가 치러지기까지의 과정은 순탄치 못했어요. 통일 정부 수립을 바라는 사람들의 지속적인 반대가 있었거든요. 특히 남북 정치 협상을 주도했던 김구와 김규식 등은 끝까지 통일 정부 수립을 주장하며 5·10 총선거에 참여하지 않겠다고 선언했답니다.

　한편 제주도에서는 4월 3일부터 좌익 세력을 중심으로 5·10 총선거 실시에 반대하는 무장봉기가 일어났어요. 이에 앞서 제주도에서는 삼일절 기념행사에 참여한 군중들을 향해 경찰이 총을 쏘면서 여섯 명의 희생자가 발생했어요. 이를 계기로 파업이 일어났고 미군정이 이를 강경하게 저지하는 과정에서 미국에 대한 제주도민들의 반감이 커졌지요. 그러던 중 남한만의 단독 정부 수립이 추진되자 좌익 세력을 중심으로 5·10 총선거를 반대하는 움직임이 일어난 거예요. 이 봉기를 진압하는 과정에서 대규모의 유혈 사태가 벌어졌어요. 이때 수많은 제주도민들이 목숨을 잃었는데 3월부터 한 달간 1608명의 민간인이 살해당했다고 해요.

우여곡절 끝에 1948년 5월 10일, 예정대로 총선거가 실시되었어요. 논란이 많은 선거였지만, 우리나라 민주주의 역사에서 아주 큰 의미를 지닌답니다. 왜냐하면 21세 이상의 성인 남녀라면 누구나 투표를 할 수 있는 보통 선거였기 때문이에요. 사실 시민 혁명으로 민주주의의 발전을 이룬 영국 등 유럽의 여러 국가들도 처음부터 모든 사람에게 투표권을 허락하지는 않았어요. 물론 그들 국가의 영향으로 전 세계에 민주주의가 발전하고 우리나라에서도 보통 선거가 치러진

▌**5·10 총선거 실시** 우리나라에서 처음으로 실시된 선거에 유권자들이 투표를 하고 있다.

것은 맞아요. 하지만 첫 선거가 보통 선거로 치러졌다는 것은 분명 의미 있는 일이었지요.

5·10 총선거 결과, 총 198명의 국회 의원이 선출되었어요. 원래 38도선 이남 지역에서 선출하기로 했던 200명에서 두 명이 모자라는 수였어요. 그것은 제주도 두 곳에서 국회 의원을 선출하지 못했기 때문이었어요. 원래 제주도에서는 세 명의 국회 의원을 선출하려고 했으나 제주도에서 일어난 무장봉기에 대한 진압이 계속되면서 총선거를 하는 데 어려움을 겪었고, 결국 두 곳에서 투표율이 50퍼센트를 넘지 못했지요. 오늘날 국회 의원 선거에서는 투표율에 상관없이 득표율이 가장 높은 사람이 당선되는 것과 달리 5·10 총선거에서는 투표율이 50퍼센트 이상 되어야 선거 결과를 인정해 주었어요. 이 때문에 투표율이 50퍼센트를 넘지 못한 제주도 두 곳에서 치러진 선거는 무효로 처리되고 말았답니다.

5·10 총선을 통해 국회가 구성되면서 5월 31일에 우리나라 최초의 국회가 문을 열었어요. 그런데 이 국회에는 이후 우리나라에서 구성된 여타 국회와는 다른 제헌 국회라는 특별한 이름이 붙었답니다. '제헌'은 헌법을 제정한다는 의미예요. 그러니까 제헌 국회는 헌법을 제정하는 국회였지요. 정부가 구성되는 데 있어 가장 우선시되는 것은 바로 헌법이에요. 헌법이 있어야만 그 헌법에 명시된 정부의 정체성과 정치 체제 등에 따라 정부를 구성할 수 있거든요.

제헌 국회 의원들은 국회를 열자마자 헌법을 제정하기 위해 밤낮을 가리지 않고 노력했어요. 그 과정에서 여러 가지 의견들이 제시되었지요. 일제 강점기에 광복을 이끌었던 대한민국 임시 정부를 계승하는 정부가 되어야 한다는 의견과, 영국의 입헌 군주제와 미국의 대통령제 중 우리나라 현실에 적합한 체제를 본받자는 의견 등 다양한 의견이 있었지요. 제헌 국회 의원들은 우리나라는 과거 어떤 나라였으며, 앞으로 어떤 나라로 발전해 나가야 할 것인지를 놓고 고민했어요.

각고의 노력 끝에 1948년 7월 12일에 드디어 헌법이 제정되었어요. 그리고 7월 17일에 공포되었지요. 우리나라 역사상 최초의 민주주의 헌법이 등장한 거예요.

대한민국 헌법
제정 1948.7.17. 헌법 제1호

유구한 역사와 전통에 빛나는 우리들 대한국민은 기미 3·1 운동으로 대한민국을 건립하여 세계에 선포한 위대한 독립 정신을 계승하여 이제 민주 독립 국가를 재건함에 있어서 정의 인도와 동포애로써 민족의 단결을 공고히 하며 모든 사회적 폐습을 타파하고 민주주의 제도를 수립하여 정치, 경제, 사회, 문화의 모든 영역에 있어서 각인의 기회를 균등히 하고 능력을 최고도로 발휘케 하며 각인의 책임과 의무를 완수하게 하여 안으로는 국민 생활의 균등한 향상을 기하고 밖으로는 항구적인 국제 평화의 유지에 노력하여 우리들과 우리들의 자손의 안전과 자유와 행복을 영원히 확보할 것을 결의하고 우리들의 정당 또 자유로이 선거된 대표로서 구성된 국회에서 단기 4281년 7월 12일 이 헌법을 제정한다.

제1조
대한민국은 민주 공화국이다.
제2조
대한민국의 주권은 국민에게 있고 모든 권력은 국민으로부터 나온다.
......

헌법에서는 새롭게 세워진 국가의 공식적인 명칭을 '대한민국'으로 정하고 3·1

운동의 정신을 계승한다고 선언했어요. 그리고 제1조와 제2조를 통해 대한민국이 민주 공화국이며 주권은 국민에게 있음을 명시했지요. 이렇게 해서 대한민국의 국가 정체성을 확실히 정했어요.

헌법에서는 대한민국 정부의 통치 제도를 대통령제로 규정하고 국회의 권한을 강화하기 위해 대통령을 국회에서 선출하기로 했어요. 그리고 그 조항에 따라 대한민국의 초대 대통령으로 1919년에 수립된 대한민국 임시 정부의 초대 대통령이었던 이승만을 선출했지요.

1948년 8월 15일, 광복 3주년이 되던 이날에 대한민국 정부 수립 선포식과 함께 이승만 대통령의 취임식이 치러졌어요.

▌**대한민국 정부 수립 선포식** 1948년 8월 15일 중앙청에서 열린 행사이다.

"나 이승만은 국가 헌법을 준수하고 국민의 복리를 증진하며 국가를 보호하는 대통령의 직책을 성실히 수행할 것을 국민 앞에 엄숙히 선언합니다."

　광복 이후 그렇게 간절히 염원하던 정부가 수립되었어요. 통일 정부를 수립하지 못했다는 점에서 한계도 지니지만, 그래도 우리 민족이 세운 최초의 민주 공화국이라는 점에서 큰 의미를 지녀요. 이후 1948년 12월에 열린 유엔 총회에서 대한민국은 한반도 유일의 합법 정부로 승인을 받았지요.

　한편 38도선 이북의 상황은 어떠했을까요? 북한은 1948년 9월에 조선 민주주의 인민 공화국을 수립했어요. 하지만 대한민국 정부처럼 한반도의 합법 정부로 인정받지는 못했어요.

6·25 전쟁의 발발

대한민국 정부가 수립된 이후 미군은 남한에서 철수했고 북한에 있던 소련군도 철수했지요. 강대국들은 물러났지만 한반도의 긴장 관계는 여전했어요. 사회주의 체제가 들어선 북한은 소련과 중국의 지원을 받으며 점차 군사력을 키워 갔어요. 그들은 남한을 침범해 한반도 전체를 공산화하고자 했지요.

1950년 6월 25일 일요일 새벽. 북한이 선전포고도 하지 않고 기습적으로 남한에 쳐들어왔어요. 6·25 전쟁이라는 우리 민족의 비극은 이렇게 시작되었지요. 철저하게 남침을 준비했던 북한군은 3일 만에 대한민국의 수도인 서울을 점령했어요. 북한의 급작스러운 공격에 국민들은 대대적인 피난 행렬에 나섰지요. 우리 정부는 북한의 우세한 전력에 밀려 부산을 임시 수도로 정해야만 했어요. 북한군은 한 달여 만에 낙동강 유역 부근까지 밀고 내려왔어요.

한편 북한의 남침 소식이 전해지자 유엔 안전 보장 이사회에서는 북한의 침략 행위를 세계 평화를 크게 위협하는 불법적 행위로 규정하고 16개국으로 구성된 유엔군을 파병하기로 결의했어요. 사실 다른 나라를 돕기 위해 전쟁에 뛰어드는 것은 어려운 일이에요. 목숨을 잃을 수도 있는 위험한 일이기 때문이지요. 그런 점에서 당시 우리나라를 도와준 16개국은 고마운 국가들이에요. 전투 병력 이외에도 의료 지원이나 시설 파견 등으로 우리나라를 도운 국가들도 있어요. 스웨덴, 인도, 덴마크, 노르웨이, 이탈리아 등이에요.

국군과 유엔군은 낙동강을 최후의 방어선으로 삼고 혼신의 힘을 다해 버텼어요. 낙동강 전선이 무너지면 한반도 전체가 북한군의 손에 함락되는 것은 시간

▌유엔 안전 보장 이사회 결의 6·25 전쟁 유엔군 소속 16개국(가나다 순)

그리스   남아프리카 공화국   네덜란드   뉴질랜드

룩셈부르크   미국   벨기에   에티오피아

영국   오스트레일리아   캐나다   콜롬비아

타이   터키   프랑스   필리핀

문제였기 때문이지요.

"전술의 변화가 필요하오. 역습으로 북한군의 허리를 끊는다면 전세는 충분히 역전될 수 있을 것이오."

당시 유엔군을 이끌던 미국의 총사령관 맥아더는 대규모 함대를 이끌고 인천에 상륙해 한반도의 중심부를 공격하는 전략을 세웠어요. 이는 아군이 한반도의 중심부를 차지한 후 남하하며 남쪽의 북한군을 공격하면, 낙동강 전선을 방어하던 아군이 북쪽을 향해 진격해 북한군을 양쪽에서 공격하는 작전이었지요. 이를 인천 상륙 작전이라고 해요.

▌**인천 상륙 작전** 9월 15일 오전 6시에 국군 해병대가 월미도에 상륙하며 작전이 개시되었다.

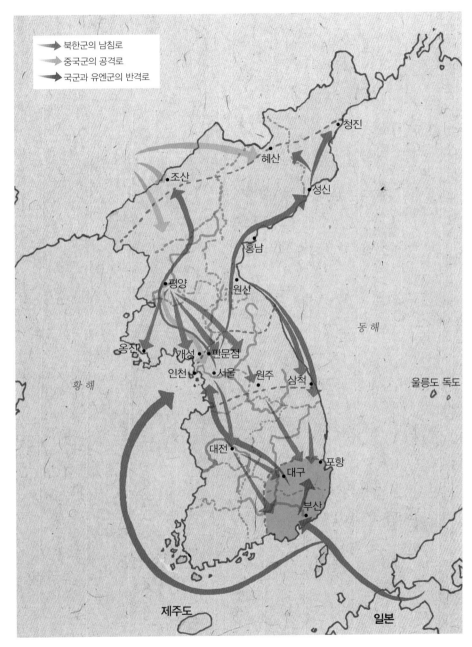

북한군의 남침로
중국군의 공격로
국군과 유엔군의 반격로

청진

혜산

조산

성신

흥남

평양

원산

동 해

옹진

개성 · 판문점

인천 · 서울 · 원주 · 삼척

황 해

울릉도 독도

대전

대구 · 포항

부산

제주도

일본

▌ 6·25 전쟁 전개 과정

맥아더의 지휘 아래 국군과 유엔군은 1950년 9월 15일에 인천 상륙 작전을 개시했어요. 작전은 성공적이었어요. 갑작스러운 공격에 북한군이 크게 당황했지요. 국군과 유엔군이 한반도의 중심부를 장악하자, 남부에 있던 북한군은 군사 물자를 조달받기 어려워진 데다 양쪽에서 공격해 오는 국군과 유엔군의 압박으로 곳곳에서 무릎을 꿇었어요.

인천 상륙 작전의 성공으로 한반도 남쪽에 있던 북한군은 포로로 잡히거나 강원도 쪽을 통해 북한으로 도망쳤어요. 국군과 유엔군은 빼앗긴 지 3개월 만에 서울을 되찾는 데 성공했지요.

이제 전세는 완전히 역전되었어요. 국군과 유엔군은 도망치는 북한군을 따라

북쪽으로 진격했어요. 이번 기회에 아예 한반도에서 공산주의 세력을 몰아내야 겠다고 생각한 거예요. 국군과 유엔군은 거칠 것 없이 공격을 계속해 북한의 평양까지 점령했어요.

곧이어 한반도의 끝이라고 할 수 있는 압록강과 두만강을 향해 진격했어요. 전쟁의 끝이 보이는 순간이었어요. 그런데 바로 이때 중국이 나섰어요. 중국은 인구가 엄청난 만큼 군인의 수도 상상을 초월했어요. 자유주의 국가가 중국과 국경을 맞닿는 데 부담을 느낀 중국이 북한을 지원하기 위해 전쟁에 참여한 거예요. 이로써 6·25 전쟁이 자유주의 세계와 공산주의 세계의 전쟁이라는 점이

▌서울 수복 기념 국군 해병대가 중앙청에 태극기를 계양하고 있다.

확실해졌지요.

중국군은 인해 전술을 폈어요. '인해'는 사람의 바다라는 뜻이에요. 말 그대로 엄청난 바닷물이 밀려오는 것처럼 대규모의 중국군이 압록강을 건너 내려왔지요. 승전을 확신하고 있던 국군과 유엔군은 당황하고 말았어요. 결국 이들은 다시 남쪽으로 밀리기 시작했지요.

전세는 다시 역전되었어요. 국군과 유엔군은 후퇴를 거듭하며 중국군에게 쫓겨 38도선 이남으로 넘어왔어요. 그리고 결국 서울을 다시 내주고 말았어요.

1951년 1월 4일에 중국군의 거센 공격으로 다시 수도를 빼앗긴 일을 1·4 후퇴라고 해요. 하지만 단기간의 집중 공격으로 많은 사상자를 낸 중국군은 무기와 식량을 계속 소진하면서 점차 전투력이 약화되었어요. 그 틈을 타서 국군과 유엔군이 다시 공격을 시작했어요. 그리고 마침내 서울을 되찾는 데 성공했지요. 서울을 빼앗긴 지 약 70여 일 만에 이룬 쾌거였어요. 그렇지만 북한군과 중국군의 만만치 않은 저항에 국군과 유엔군은 북한으로 계속 올라가기는 어려웠지요.

38도선 부근에서 치열한 격전이 이어졌어요. 마치 팽팽한 줄다리기처럼 서로 한 치의 물러섬이 없었지요.

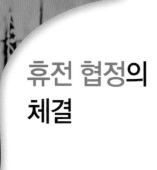

휴전 협정의
체결

　치열한 접전이 계속되면서 전쟁은 끝이 보이지 않았어요. 시간이 갈수록 양쪽 모두 더 큰 피해를 입을 뿐이었지요. 그때 소련이 중재에 나섰어요. 소련은 북한이 군사력을 강화하는 데 큰 도움을 주었을 뿐 아니라 공산주의를 대표하는 나라였어요. 그런데도 전쟁에 참여하지 않고 바라만 보더니 그제야 나선 거예요. 소련의 입장에서는 자신들이 해야 할 역할을 중국이 대신해 주고 있으니 6·25 전쟁에 관여할 필요가 없었을 거예요. 하지만 전쟁이 예상보다 길어지자 휴전을 제안했지요.

　　우리 소련은 전쟁에 개입한 당사국은 아니지만, 인접한 국가로서 전쟁의 당사국들이 이번 전쟁의 휴전을 해 줄 것을 제안하는 바이다.

　휴전을 제의한 소련의 정확한 의도는 알 수 없지만 아마 전쟁이 길어질수록 공산주의 국가가 불리해질 것이라고 판단했을 거예요. 사상자가 갈수록 늘고

6·25 전쟁이 제3차 세계 대전으로까지 확대될 조짐이 보이자, 유엔 역시 소련의 제의를 받아들이는 것이 좋겠다고 판단했지요. 트뤼그베 리 유엔 사무총장은 휴전할 것을 정식으로 제의했어요.

1951년 7월에 개성에서 예비회담이 개최되면서 휴전 협상이 본격적으로 시작되었어요. 하지만 양측의 의견이 계속해서 충돌하면서 협상은 지지부진하게 진행되었지요. 그중에서도 포로 교환 방법과 군사 분계선의 설정 방법을 놓고 양측은 첨예하게 대립했어요. 포로 교환은 포로의 의사를 반영해야 한다는 남측의 주장에 맞서 북측은 자동 송환을 요구했어요. 자동 송환은 양측이 보유하고 있는 포로를 무조건 맞바꾸는 것인데, 북측이 그렇게 주장하는 데에는 다 이유가 있었지요. 북측에 있는 포로보다 남측에 사로잡혀 있는 포로가 훨씬 많았거든요. 북한의 속내를 이미 파악하고 있던 남측은 북측의 자동 송환 요구에 응하지 않았어요. 더군다나 남측에 있는 포로들 중에는 처음부터 북한군이 아니었

▌남한을 지원한 유엔군

▌북한을 지원한 중국 공산군

던 사람도 매우 많았어요. 원래 38도선 이남에 살고 있다가 전쟁이 일어나면서 강제로 끌려가 어쩔 수 없이 북한군이 된 사람들도 많았거든요.

"저는 원래 충청도에 살던 사람입니다. 제가 북한으로 가야 한다니요. 그럴 수는 없습니다. 저는 공산주의, 이런 거 잘 모릅니다. 그냥 북한군에게 죽기 싫어서 그들의 말에 따랐을 뿐입니다. 제발 남한에 남게 해 주세요. 고향으로 돌려보내 주십시오."

당시 남측에 있던 포로의 말이었어요.

휴전 협상에 나선 남측 대표들이 북측의 요구를 그대로 받아들이지 않으면서 휴전 협상은 합의점을 찾지 못하고 1년을 훌쩍 넘기고 말았어요. 그러는 동안에도 전투는 계속되고 있었지요. 38도선 부근에서는 치열한 전투가 끊임없이 벌어지고 있었어요. 휴전이 성립하기 전에 전략적으로 유리한 곳을 차지하기 위해 전쟁을 이어 가고 있었던 거예요.

남측과 북측은 모두 휴전이 성립되는 순간, 그때 차지하고 있는 곳을 경계로 군사 분계선이 설정된다는 것을 알고 있었어요. 그래서 군사적 요충지 혹은 전략적으로 중요한 곳에서는 전투가 계속되었지요. 당연히 사상자는 계속 늘어만 갔어요.

그러던 중 1953년 6월에 우리나라의 이승만 대통령이 세상을 깜짝 놀라게 했어요. 새벽 시간을 이용해 거제도 포로수용소에 수감되어 있던 반공 포로들을 대거 석방하도록 한 거예요. 반공 포로는 북한군 포로지만 공산주의를 반대하며 남한에 계속 살고 싶어 하던 포로를 말해요. 이승만 대통령은 이들을 북한으로 보낼 수 없다고 판단하고는 북한과의 협의 없이 포로들을 석방시켰어요.

이승만 대통령의 결정은 한편으로는 현재 진행되고 있는 휴전 협상에 대한 일종의 시위이기도 했어요.

"휴전은 말 그대로 휴전이다. 전쟁을 쉬는 것이지 끝난 것이 아니다. 어차피 전쟁이 시작된 이상 끝까지 싸워, 한반도에서 공산주의 세력을 모두 몰아내고 자유주의 국가의 통일을 이루어야 한다."

이승만 대통령은 이렇게 주장했어요.
한반도의 안전이 보장되지 않은 휴전은 무의미하다고 생각했던 이승만 대통령은 이번 기회에 통일이 제대로 이루어지기를 바랐어요. 하지만 이미 휴전을

▎**휴전 협정을 체결하는 유엔군과 공산군** 1953년 7월 27일, 유엔군과 공산군은 3년 1개월간 계속된 전쟁을 휴전으로 끝내는 협정 문서에 서명했다.

목표로 협상을 진행하고 있었던 유엔은 반공 포로를 석방한 그의 돌발적인 행동이 마음에 들지 않았을 거예요. 앞으로 이승만 대통령이 이와 비슷한 일을 또 다시 벌여 휴전 협상이 물거품이 될 것을 우려한 미국은 이승만 대통령에게 한반도에 대한 안전 보장을 약속했어요. 이 약속은 휴전 이후인 1953년 10월에 한미 상호 방위 조약으로 확정되었답니다.

우여곡절 끝에 휴전 협상은 마무리되었고, 1953년 7월 27일에 휴전 협정이 체결되었어요. 협상을 시작하고 무려 2년이라는 세월이 흐른 뒤였지요.

국제 연합군 사령관을 일방으로 하고 조선 인민군 최고 사령관 및
중국 인민 지원군 사령원을 다른 일방으로 하는 한국 군사 정전에 관한 협정

서언

국제 연합군 사령관을 일방으로 하고 조선 인민군 최고 사령관 및 중국 인민 지원군 사령원을 다른 일방으로 하는 아래 기록에 대한 서명자들은 쌍방에 막대한 고통과 유혈을 초래한 한국 충돌을 정지시키기 위하여, 최후적인 평화적 해결이 달성될 때까지 한국에서의 적대 행위와 일체 무력 행위의 완전한 정지를 보장하는 정전을 확립할 목적으로 아래 기록의 조항에 기재된 정전 조건과 규정을 접수하며 또 그 제약과 통제를 받는 데 개별적으로나 공동으로나 또는 상호 간에 동의한다. 이 조건과 규정의 의도는 순전히 군사적 성질에 속하는 것이며 이는 오직 한국에서의 교전 쌍방에만 적용한다.

이렇게 해서 3년간의 전쟁은 일단 잠정적으로 중단되었어요. 하지만 전쟁이 남긴 상처는 그대로 남아 우리 민족에게 큰 고통을 주었어요. 수많은 사상자와 재산 피해가 발생하고 여기저기에서는 가족을 잃은 전쟁고아와 이산가족이 생겨났어요. 국토는 황폐함 그 자체였지요. 산업 시설, 농경지 등이 모두

▌**폐허가 된 서울** 1950년 6·25 전쟁으로 파괴된 서울의 모습이다.

폐허가 되었어요. 세계 사람들이 '과연 한국이 다시 일어설 수 있을까?'라는 의문을 품을 정도였답니다.

한편 6·25 전쟁에서는 우리 민족뿐 아니라, 우리나라를 돕기 위해 참전했던 외국인들도 대거 목숨을 잃었어요. 오늘날 부산 대연동에 있는 유엔 묘지는 6·25 전쟁으로 목숨을 잃은 유엔군 전사자들을 위해 조성된 묘지예요. 이처럼 6·25 전쟁은 우리 민족은 물론, 다른 여러 나라 사람들에게도 아픔과 희생으로 기억되는 끔찍한 전쟁이었어요.

태평양 전쟁의 종결과
동아시아의 정세

우리나라가 1945년에 광복한 이후 남과 북으로 분단되어 자유주의 세계와 공산주의 세계 간의 냉전 체제에 휘말려 6·25 전쟁이라는 민족적 시련을 겪는 동안, 태평양 전쟁 직후 중국과 일본 등의 동아시아 국가들은 어떤 상황에 놓여 있었을까요?

중국의 공산화

중국은 태평양 전쟁 당시에는 일본이라는 공공의 적을 막기 위해 국민당과 공산당이 서로 손을 잡고 협력했어요. 하지만 전쟁이 끝나자, 두 세력은 서로 주도권을 잡기 위해 경쟁을 벌이며 대립하기 시작했어요.

계속된 전쟁으로 지쳐 있던 중국의 국민들은 내전이 일어나는 것을 원하지 않았어요. 이러한 여론에 국민당을 이끌던 장제스와 공산당을 이끌던 마오쩌둥은 1945년 8월에 화평 교섭 회담을 개최했지요. 그리고 장제스와 마오쩌둥은 어떤 일이 있더라도 내전을 피하고 새로운 중국을 건설하기 위해 서로 노력할 것을 합의했어요. 이러한 합의가 있었지만 이들은 자신들의 정치적 입지를 조금이라도 더 강화하기 위해 계속 자신들에게 유리한 의견을 내세웠어요. 그러다가 끝내 내전을 일으키고 말았지요.

결과는 공산당의 승리였어요. 이에 국민당은 중국 본토에서 밀려나 타이완으로 쫓겨나는 신세가 되고 말았지요. 1949년 10월 1일, 중국 본토에서는 공산당의 주도하에 중화 인민 공화국이 수립되었어요.

마오쩌둥(1893~1976) 1949년 10월 1일, 중화 인민 공화국을 수립 후 모습이다.

일본의 평화 헌법 제정과 도쿄 재판

1945년에 연합군에게 항복한 이후 일본은 미군정의 지배를 받았어요. 이 과정에서 일본 천황은 그동안 자신을 신격화하며 맹목적인 충성을 다해 온 일본인들에게 자신은 신이 아닌 인간이라는 인간 선언을 하기도 했지요. 이 선언은 곧 새롭게 제정된 일본 헌법인 평화 헌법에도 반영되었어요.

1946년 11월 3일에 공포된 이 헌법은 천황이 아닌 국민에게 주권이 있음을 명확히 하고, 아울러 일본이 전쟁의 포기를 밝혔다는 점에서 의미가 있어요. 그러나 최근 아베 정권의 집단 자위권 행사 결정으로 헌법의 권위가 무력화되었다는 우려를 받기도 했지요.

한편 도조 히데키 등의 전쟁범죄자들은 1946년부터 약 2년간 열린 극동 국제 군사 재판, 일명 도쿄 재판의 판결에 따라 처벌을 받았어요. 하지만 천황인 히로히토는 재판에 회부되지 않았어요. 전쟁의 최고 책임자인 천황이 재판을 받지 않았다는 것은 이 재판이 불완전한 것이었다는 반증입니다.

2장

민주주의의 발전

우리나라 민주주의의 역사는 대한민국 정부 수립과 함께 본격적으로 시작되었어요. 하지만 특정 세력의 장기 집권을 위해 헌법이 바뀌기도 하고, 군인이 정치권력을 장악하는 등 민주주의가 시련을 겪기도 했지요. 이제부터 우리나라의 민주주의가 어떤 과정을 거치며 성숙하고 발전해 나갔는지 그리고 우리 국민들이 어떻게 민주주의를 지켜 냈는지 한번 살펴보도록 해요.

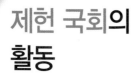

제헌 국회의
활동

　5·10 총선거로 구성된 우리나라 최초의 국회인 제헌 국회는 대개 국회 의원의 임기가 4년인 것과 달리, 의원의 임기를 2년으로 한정했어요. 그것은 제헌 국회 의원의 가장 큰 임무가 헌법을 제정하는 것이기 때문이었어요. 그러니까 제헌 국회 의원들의 임기가 짧은 것은 헌법 제정과 관련된 임무에만 집중하라는 의미 였지요. 그렇다고 해서 헌법이 제정된 이후, 제헌 국회가 무의미하게 운영되었던 것은 아니에요. 비록 짧은 운영 기간이었지만 헌법 제정 외에도 역사상 아주 의미 있는 법들을 제정했답니다.

　그중에 대표적인 법이 바로 반민족 행위 처벌법이에요.

　　제101조 이 헌법을 제정한 국회는 단기 4278년 8월 15일 이전의 악질적인
　　반민족 행위를 처벌하는 특별법을 제정할 수 있다.
　　　　　　　　　　　　　　　　　　　- 헌법 제10장 부칙(제1호, 1948. 7. 17.)

당시 사람들의 가장 큰 관심사 중 하나는 바로 친일파에 대한 처벌이었어요. 광복 이후 우리 국민들은 개인의 출세와 이익을 위해 일본의 앞잡이가 되었던 친일파를 그냥 두어서는 안 된다고 생각했어요. 하지만 3년이라는 시간 동안 정부가 수립되지 못하고 혼란이 계속되는 통에 친일파에 대한 처벌은 거의 이루어지지 못하고 있었지요. 대한민국 정부가 수립된 이후 국민들은 정부와 국회가 나서서 하루빨리 친일파를 처벌해 주기를 바랐어요. 국민들의 기대에 힘입은 제헌 국회는 대한민국 정부 수립 약 한 달 만에 헌법에 근거해 '반민족 행위 처벌법'이라는 특별법을 제정했어요.

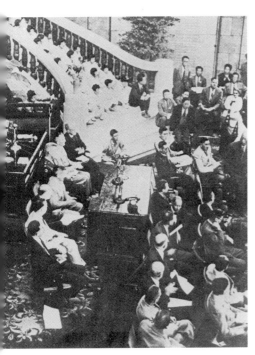

▋ 제헌 국회의 개원식(1948년 5월 31일)

▋ 이승만 대통령을 선출한 제헌 국회 1948년 7월 20일 제헌 국회에서 실시한 대통령 선거에서 이승만이 선출되었다.

■ 체포되어 끌려가는 반민족 행위자들 반민족 행위 처벌법이 공포된 이후 반민족 행위자들이 검거되어 압송되고 있다.

반민족 행위 처벌법

제정 1948. 9. 22. 법률 제3호

제1조 일본 정부와 통모하여 한일 합병에 적극 협력한 자, 한국의 주권을 침
   해하는 조약 또는 문서에 조인한 자와 모의한 자는 사형 또는 무기 징
   역에 처하고 그 재산과 유산의 전부 혹은 2분의 1 이상을 몰수한다.

제2조 일본 정부로부터 작위를 받은 자 또는 일본 제국 의회의 의원이 되었
   던 자는 무기 또는 5년 이상의 징역에 처하고 그 재산과 유산의 전부
   혹은 2분의 1이상을 몰수한다.

제3조 일본 치하 독립운동자나 그 가족을 악의로 살상 박해한 자 또는 이를 지휘한 자는 사형, 무기 또는 5년 이상의 징역에 처하고 그 재산의 전부 혹은 일부를 몰수한다. ……

제9조 반민족 행위를 예비 조사하기 위하여 특별 조사 위원회를 설치한다. 특별 조사 위원회는 위원 10인으로 구성한다. 특별 조사 위원은 국회 의원 중에서 아래의 자격을 가진 자를 국회가 선거한다.

1. 독립운동의 경력이 있거나 절개를 견수하고 애국의 성심이 있는 자

2. 애국의 열성이 있고 학식, 덕망이 있는 자

반민족 행위 처벌법에 따라 **반민족 행위 특별 조사 위원회**(반민 특위)가 조직되었어요. 반민 특위에는 크게 세 개의 기구가 있었는데 친일 행적을 꼼꼼히 살피는 특별 조사 위원회와 친일 행적에 대한 죄를 묻기 위해 기소를 담당하는 검찰 그리고 재판을 담당하는 특별 재판소였지요. 이 기구들이 국회에 설치되면서 사실상 반민 특위는 국회가 주도했다고 할 수 있어요.

반민 특위는 여러 제보와 조사를 통해 친일 행적이 의심되는 7000여 명을 추렸어요. 그리고 그중에서 도저히 죄를 묻지 않을 수 없는 200여 명에 대해서는 기소를 하고 재판에 넘겼지요. 이때 기소된 사람 중에는 한때 독립운동가였다가 친일파로 돌아선 이광수, 최린, 최남선, 조선 총독부와 결탁해

▌**이광수(1892~1950)** 근대 문학의 개척자로 불리는 소설가지만 일제 강점기에 친일 행위를 했다.

조선비행기주식회사를 설립한 박흥식 등이 포함되어 있었어요. 하지만 적극적으로 친일파를 청산하려던 반민 특위의 활동에 무조건적인 지지만 있었던 것은 아니에요.

먼저 이승만 대통령이 반민 특위의 활동 중에 발생할지도 모르는 국민 분열에 대한 우려를 드러냈어요. 반민족 행위에 대한 정확한 검증이 뒷받침되지 않은 상황에서 비밀리에 조사가 진행되면 오히려 불신을 낳을 수도 있다고 주장했지요. 이승만 대통령은 공산주의 세력이 사회 분열을 조장하려는 움직임을 보이는 현시점에서는 치안을 철저히 하고 단결을 강화해야 하는데 반민 특위의 활동으로 사회가 분열되어서는 안 된다고 했어요.

또 친일 행위에 대한 조사 과정에 현 정부에서 활동하는 경찰과 공무원들이 포함되면서 반민 특위는 이들의 거센 반발에 직면하기도 했답니다. 반민 특위가 반민족 행위를 한 혐의로 경찰 간부를 체포하자 경찰 내 일부 세력이 크게 반발했어요. 당시 경찰 중에는 일제 강점기 때부터 경찰로 활동하던 사람들도 있었거든요. 이들은 반민 특위가 계속해서 자신들을 압박하자 가만히 앉아서 당할 수만은 없다고 생각했어요.

1949년 6월 6일, 급기야 친일 경찰 중 일부가 반민 특위 사무실을 습격했어요. 헌법에 따라 구성된 반민 특위를 무장 경찰이 습격하는 초유의 사태가 벌어진 거예요. 결국 이 일을 벌인 경찰들이 잡혀가면서 사태는 마무리되었지만, 이 사건으로 반민 특위의 활동은 크게 위축되고 말았지요.

반민 특위의 시련은 여기서 그치지 않았어요. 반민 특위에 소속된 국회 의원이 공산주의 세력인 남로당의 조종을 받고 있다는 제보로 인해 반민 특위 소속 국회 의원 10여 명이 체포되는가 하면 그해 6월 26일에는 반민 특위의 정신적 지주였던 김구가 안두희에 의해 암살당하는 일이 벌어졌지요. 이러한 사건들로 반민 특위는 사실상 활동이 정지되었답니다.

이처럼 반민 특위의 활동에 차질이 생기고 이 문제로 사회의 분열이 초래되자, 반민족 행위 처벌법 개정안이 통과됐어요. 반민 특위의 활동 기간을 1949년 8월 31일까지로 단축시키자는 내용이었지요. 이 개정안에 따라 결국 반민 특위는 해체되었어요. 2년의 활동 기간이 1년으로 단축되면서 반민족 행위자에 대한 처벌도 큰 성과 없이 끝나고 말았어요.

한편 제헌 국회는 또 하나의 중요한 법률을 제정했어요. 그것은 1949년 6월에 제정된 농지 개혁법이에요.

일제 강점기 때는 자기 토지에 농사짓는 농민들이 많지 않았어요. 대개 남의 땅을 빌려 농사짓는 소작농이었지요. 그래서 광복 이후 농민들은 토지 개혁에 대한 열망이 컸어요. 그 열망을 담아 제헌 국회에서 제정한 농지 개혁법은 농지를 한 가구당 3˚정보 이상 가지지 못하도록 규정했어요. 그 이상의 농지는 정부가 사서 농민들에게 다시 되팔았지요. 이 법률이 시행되면서 농지를 소유하게 된 농민들이 크게 증가했어요.

우리나라의 첫 국회인 제헌 국회는 1950년 5월 30일에 문을 닫았어요. 그러나 2년이라는 길지 않은 기간 동안 헌법, 반민족 행위 처벌법, 농지 개혁법 등을 제정하며 우리나라 역사에 의미 있는 흔적을 남겼어요.

정보 땅 넓이의 단위. 1정보는 3000평으로 약 9917.4제곱미터에 해당한다.

사사오입
개헌

　1950년 5월, 제헌 국회의 종료 시기에 맞춰 제2대 국회 의원 선거가 치러졌어요. 이번에 선출된 의원들의 임기는 제헌 국회 의원과 달리 4년이었지요. 그런데 선거 결과가 이승만 정부를 곤혹스럽게 만들었어요. 이승만 정부에 호의적이지 않은 사람들이 대거 국회 의원에 당선되었거든요.

　총선에서 선출된 210명의 국회 의원 중 이승만 정부를 지지하는 국회 의원은 절반에도 한참 못 미쳤어요. 만약 국회가 정부의 정책에 반대하고 나선다면, 이승만 정부의 국정 운영은 쉽지 않을 것이 분명했지요. 그보다 더 걱정인 것은 1952년에 치러질 예정이었던 대통령 선거였어요. 당시 대통령은 국회에서 선출하도록 되어 있었어요. 이승만 정부를 지지하지 않는 국회 의원들이 모인 국회에서 2년 뒤 이승만 대통령을 또 대통령으로 선출할 가능성은 거의 없었지요.

　어느덧 2년이라는 시간이 흘렀어요. 이승만 대통령을 지지하는 정당이자 *여당이었던 자유당은 이번에 치러질 대통령 선거에서 어떻게 해서든 이승만 대통령을 당선시켜야겠다고 생각했어요. 하지만 당시 돌아가는 상황으로 보아 이승만 대통령의 재선을 장담하기 어려웠던 자유당은 헌법을 개정하기로 했어요. 국회가 아닌 국민이 직접 대통령을 선출하는 직선제 방식을 도입하려고 했지요. 당시 우리나라에서는 6·25 전쟁이 한창 벌어지고 있었어요. 그러다 보니 미국의 영향을 크게 받고 있었지요. 이승만 대통령은 일제 강점기 때는 물론, 대통령이 된 뒤에도 미국과 좋은 관계를 유지했어요. 국민들은 미국과 친분이 있는 이승만 대통령을 자연스레 지지했지요. 자유당은 바로 이 점을 노렸어요. 국민들이 직접 선거를 치른다면 이승만 대통령이 재선에 성공할 수 있을 것이라고 판단한 거예요.

하지만 문제는 헌법 개정(개헌)이었어요. 헌법 개정안이 국회를 통과해야만 했거든요. 자유당은 개헌에 반대하는 국회 의원들을 설득하고 나섰어요. 설득이 안 되면 협박하기도 했지요. 얼마 후 국회에서는 기립 투표가 실시되었어요. 그리고 대통령 직선제에 관한 헌법 개정안이 통과되었지요. 그 헌법에 따라 대통령 선거가 치러졌어요. 예상대로 이승만 대통령은 74.6퍼센트라는 높은 득표율로 대통령에 다시 선출되었지요.

또다시 2년의 시간이 흘러 1954년이 되자 자유당 내에서 다시 대통령 선거에 대한 구체적인 이야기가 나오기 시작했어요. 당시 헌법에서는 대통령의 임기를 4년으로 규정하고 있었어요. 그리고 4년의 임기가 끝나면 딱 한 번 더 출마할 수 있도록 했지요. 한 사람이 최대 8년간 대통령직을 맡을 수 있었던 거예요. 그러니 이승만 대통령은 1956년에 치러질 대통령 선거에는 출마할 수가 없었어요. 자유당은 고민 끝에 또다시 헌법을 개정하려 했어요.

1954년 국회 의원 선거에서 큰 승리를 거두었던 자유당은 이러한 자신감을 바

여당 현재 정권을 잡고 있는 정당

탕으로 헌법 개정을 시도했어요. 자유당은 초대 대통령의 권위는 대한민국의 권위와 직결되므로 재선에 대한 제한을 두지 말아야 한다고 주장했어요. 야당 의원들이 항의하며 계속해서 대통령 선거에 출마하는 식으로 장기 집권하는 것은 있을 수 없는 일이라며 반대했지만 자유당은 야당 의원들의 말에 귀 기울이지 않았어요. 그리고 초대 대통령의 재선 제한을 없애자는 내용의 헌법 개정안을 국회에 상정했지요.

당시 국회의 재적 의원은 모두 203명이었어요. 헌법 개정안이 통과되기 위해서는 203명의 3분의 2 이상이 찬성을 해야만 했지요. 개정안을 놓고 투표가 시작되었어요. 재적 의원 203명 중 202명이 출석해 투표에 참여했지요. 그리고 투표 결과 찬성 135표, 반대 60표, 기권 7표가 나와 개헌안은 부결되었어요. 개헌안이 통과하려면 136명이 찬성을 해야만 했는데, 1명이 부족한 135명이 찬성을 했기 때문이에요. 그렇게 개헌 논란은 끝이 나는 듯했어요. 그런데 그때, 수학 계산법에 따라 개헌안을 통과시킬 수 있을 것 같다는 의견이 제기되었어요.

자유당의 한 의원이 수학자에게 자문을 구했다며, 135표의 찬성이면 개헌안은 통과되어야 한다고 주장했어요. 재적 의원 수 203명의 3분의 2는 '135.3333…'인데 소수점 이하의 '3'은 5를 넘지 않기 때문에 반올림이 안 되니까, 그냥 버려야 한다는 거예요. 그러면 135명의 찬성이 정확히 3분의 2가 된다는 논리였지요.

야당 의원들은 이와 같은 자유당의 주장에 강하게 반발했어요. '135.3333…' 이상이라면 최소 136명이기 때문이었어요. 이것은 세계 어느 나라에서도 찾아볼 수 없는 논리라며 반박했지요.

하지만 자유당은 개헌안이 부결된 지 이틀 만에 다시 국회를 열고 국회 부의장에게 이틀 전에 선언한 개헌안 부결을 취소하라고 했어요. 그리고 개헌안이

▌자유당(이승만 후보) 지지 표어

▌민주당(신익희 후보) 지지 표어

통과되었음을 선포하도록 했지요. 야당 의원들이 거세게 저항했지만 소용없는 일이었어요. 이렇게 통과된 개헌을 사사오입 개헌이라고 불러요. '4이하는 버리고, 5이상은 올린다.'는 방식이 투표에 적용되었다고 해서 붙여진 이름이지요.

　1956년에 제3대 대통령 선거가 실시되자 이승만 대통령은 예상대로 또다시 대통령 후보로 나섰어요. 야당인 민주당이 절치부심하며 신익희를 후보로 내세웠지만 신익희가 갑작스럽게 병으로 죽으면서 이승만 대통령은 여유롭게 대통령에 당선될 수 있었답니다.

4·19 혁명

　1956년에 이승만 대통령은 또다시 대통령에 당선되었어요. 하지만 무리해서 두 번의 헌법 개정으로 대통령에 당선되었기에 이승만 대통령과 자유당에 대한 지지는 점점 줄어들었지요. 게다가 전쟁 이후 경제 회복에 나섰지만 여전히 경제는 어렵고 실업자는 늘어만 갔어요. 자유당 정부는 이에 대한 근본적인 해결책을 내놓지 못하는 상황이었지요. 그런데도 자유당 내에서 권력자들이 자신의 사리사욕만을 챙기려는 모습을 보이자 국민들의 불만은 이만저만이 아니었어요.

　점차 국민들이 이승만 정부에 등을 돌리는 가운데 이승만 정부는 오히려 장기 집권을 위한 강압적인 방법을 동원했어요. 1956년 대통령 선거에서 30퍼센트의 높은 득표율을 얻은 조봉암을 간첩 혐의로 사형에 처하게 하고, 그가 이끌던 진보당도 해산시켰지요. 그리고 정부 정책에 반대하는 기사를 많이 실은 일부 신문사를 강제로 폐간시키기도 했어요. 뿐만 아니라 국가 보안법을 강화해 정부에 반대하는 사람들을 탄압했지요.

이러한 가운데 1960년이 되어 제4대 대통령 선거가 실시되었어요. 자유당은 이번에도 어김없이 이승만 대통령을 대통령 후보로 내세웠고, 야당인 민주당은 조병옥을 후보로 내세웠지요. 그런데 무슨 운명의 장난이었는지 조병옥 역시 선거도 치르지 못하고 사망하고 말았어요. 몸이 좋지 않아 미국으로 수술하러 갔는데 결국 운명을 달리한 거예요. 민주당은 1956년에도 이미 한 차례 신익희의 죽음으로 대통령 후보를 잃었어요. 그런데 4년 뒤 조병옥의 죽음으로 또 한 번 대통령 후보를 잃고 말았지요. 민주당은 침체된 분위기 속에서 다시 힘을 냈어요. 부통령 선거가 아직 남아 있었거든요.

실제로 당시 선거의 초점은 승부의 축이 이미 기울어진 대통령이 아니라, 부통령 선출이었어요. 그런데 사실, 부통령이 주목받는 이유는 따로 있었답니다.

제55조
대통령이 궐위된 때에는 부통령이 대통령이 되고 잔임 기간 중 재임한다.

당시 헌법 규정에는 대통령이 직무를 수행할 수 없는 상황이 생겨 대통령의 자리가 비는 경우, 부통령이 대통령직을 계승할 수 있도록 했어요. 이승만 대통령은 당시 85세로, 그 당시 평균 수명을 고려했을 때 매우 많은 나이었어요. 자유당과 민주당은 이승만 대통령이 대통령의 직무를 수행하지 못하게 될 경우를 대비해 부통령 선거에서 반드시 승리하려고 했지요.

하지만 과한 욕심은 부정으로 이어지고 말았어요. 1960년 3월 15일에 치러진 대통령 및 부통령 선거에서 자유당이 경찰과 공무원들을 동원해 부정 선거를 저지른 거예요. 투표 과정에서 야당 참관인을 퇴장시키고, 유권자들을 여러 명씩 조로 묶은 뒤 조장이 조원들의 표를 확인하도록 해 사실상 비밀 투표를 하지 못하도록 했어요. 심지어 어떤 선거 지역에서는 투표수보다 자유당 후보의 득표 수가 더 많이 나오는 황당한 일이 벌어지기도 했지요.

결국 대통령에는 자유당의 이승만이, 그리고 부통령에는 자유당의 이기붕이 각각 선출되었어요. 이에 야당뿐 아니라 국민들도 크게 반발했어요. 너무도 명 백한 부정 선거였기 때문이지요. 부정 선거를 규탄하는 시위가 전국적으로 일어 났어요. 정부는 국민들의 시위를 강압적으로 진압했지만 시위는 수그러들 기미 가 보이지 않았지요.

그러던 어느 날, 마산 앞바다에 시신 한 구가 떠올랐어요. 중학교 졸업 후 고 등학교 입학을 기다리던 김주열의 시신이었지요. 김주열은 3·15 부정 선거 규탄 시위에 나섰다가 실종되었어요. 그런데 그가 마산 앞바다에서 싸늘한 시신으로

▌ 김주열(1943~1960) 모교인 금지중학교에 부조상과 기념 비가 세워져 있다.

발견된 거예요. 그것도 경찰이 쏜 최루탄이 눈에 박힌 채로 말이에요. 정부가 검시 결과를 발표하지 않자 시민들이 직접 병원으로 가 김주열의 시신을 확인했어요. 사람들은 최루탄을 맞은 것이 죽음의 직접적인 원인이라고 생각했어요. 그리고 그것을 감추기 위해 이승만 정부의 하수인들이 김주열의 시신을 바다에 던졌는데, 결국 그 시신이 떠오르면서 그들의 만행이 밝혀졌다고 여겼지요. 김주열의 아버지는 아들의 사망 소식에 충격을 받아 세상을 떠나고 말았어요.

김주열의 소식이 금세 곳곳으로 퍼지면서 전국적으로 시위가 크게 확산되었어요. 그리고 4월 19일에는 전국의 국민들이 들고일어섰지요. 지금까지는 볼 수 없었던 대규모 시위가 서울을 중심으로 전국적으로 일어났어요. 서울에서 시위를 벌이던 시민과 학생들이 대통령의 집무실인 경무대로 향하기 시작했어요. 그러자 이승만 정부는 계엄령을 선포하고 시위대를 강압적으로 진압했지요. 이 과정에서 수많은 사상자가 생겨났어요.

시간이 없는 관계로 어머님을 뵙지 못하고 떠납니다.
끝까지 부정 선거 데모로 싸우겠습니다. 지금 저의 모든 친구들 그리고 대한민국 모든 학생들은 우리나라 민주주의를 위해 피를 흘립니다.
어머니, 데모에 나간 저를 책하지 마시옵소서. 우리들이 아니면 누가 데모를 하겠습니까? 저는 아직 철없는 줄 압니다. 그러나 국가와 민족을 위하는 길이 어떻다는 것을 알고 있습니다. 저의 모든 학우들은 죽음을 각오하고 나선 것입니다. 저는 생명을 바쳐 싸우려고 합니다.
데모하다 죽어도 원이 없습니다. 어머니, 저를 사랑하시는 마음으로 무

척 비통하게 생각하시겠지만 온 겨레의 앞날과 민족의 해방을 위해 기뻐해 주세요.

이미 저의 마음은 거리로 나가 있습니다. 너무도 조급해 손이 잘 놀려지지 않는군요. 부디 몸 건강히 계세요. 거듭 말씀드리지만 저의 목숨은 이미 바치려고 결심했습니다. 시간이 없는 관계상 이만 그치겠습니다.

이 편지는 한성여중 2학년에 재학 중이던 진영숙이 4월 19일 시위에 나서기 전, 어머니에게 쓴 편지예요. 남편 없이 홀로 동대문에서 장사하는 어머니를 뵙지도 못하고 편지만 남긴 채 시위에 동참했던 진영숙은 이 편지를 쓰고 몇 시간이 지나지 않아 시위를 진압하던 경찰이 쏜 총알에 맞아 죽고 말았어요. 당시 서울이 시위 분위기에 휩싸이자 시위대를 해산시킨다는 이유로 경찰들이 실탄과 최루탄을 무차별적으로 발사했거든요. 수십 명이 죽고 셀 수 없을 만큼 많은 사람들이 부상을 입었지요.

당시 이승만 정부의 부정 선거와 장기 집권에 맞선 수많은 시민과 학생들은 이렇게 피를 흘리면서 민주주의를 부르짖었어요. 우리나라 민주주의 역사에 길이 남을 4·19 혁명은 이렇게 시작되었지요.

장면 정부의
수립

　시위는 막으면 막을수록 더욱 거세졌어요. 그러자 결국 부정 선거로 부통령에 당선된 이기붕이 사퇴를 선언했어요. 이어 이승만 대통령도 자유당 총재직에서 물러나겠다고 발표했지요. 하지만 그 정도로는 민심을 달랠 수 없었어요. 이미 수많은 국민들이 이승만 정부와 자유당에게 등을 돌린 상황이었거든요. 그때 대학 교수들이 나섰어요.

　"이 상황에서 지식인들이 학교에만 있는 것이 과연 옳은 일인가?"

　"학생들이 피를 흘리며 민주화를 요구하고 있는데도 상아탑 속에 틀어박혀 있는 우리가 과연 누군가를 가르칠 자격이 있을까?"

　4월 25일에 대학 교수들은 당시의 상황에 대해 선언문을 발표했어요.

　　이번 4·19 의거는 이 나라 정치적 위기를 극복하기 위한 중대한 계기이다. 이에 대한 철저한 규정 없이는 이 민족의 불행한 운명을 도저히 만회할 길이 없다. 이 비상시국에 대처하여 우리는 이제 전국 대학 교수들의 양심에 호소하여 다음과 같이 우리의 소신을 선언한다.

1. 마산, 서울, 기타 각지의 학생 데모는 주권을 빼앗긴 국민의 울분을 대신하여 궐기한 학생들의 순진한 정의감의 발로이며 부정과 불의에 항거하는 민족정기의 표현이다. ……

4. 누적된 부패와 부정과 횡포로서의 민족적 대참극, 대치욕을 초래한 대통령을 위시하여 국회 의원 및 대법관 등은 그 책임을 지고 물러나지 않으면 국민과 학생들의 분노는 가라앉기 힘들 것이다.

5. 3·15 선거는 불법 선거이다. 공명선거에 의하여 정·부통령 선거를 다시 실시하라.

▌**대학 교수들의 거리 시위** 1960년 4월 25일 오후, 서울대 의대에 모인 대학 교수 258명이 거리로 나왔다.

수백 명의 교수들이 거리로 나섰어요. 그들은 '학생들의 피에 보답하라.'라고 적힌 현수막을 들고 거리를 걸으며 행진했지요. 이들의 움직임에 많은 국민들이 호응하기 시작했어요. 그러자 다음 날, 이승만 대통령이 성명을 발표했어요.

> "국민이 원하면 대통령직을 사임할 것이며, 지난번 정·부 대통령 선거가 많은 부정이 있었다고 하니 선거를 다시 하도록 지시했고 …… 이상은 이번 사태를 당해서 내가 굳게 결심한 바이니 나의 이 뜻을 사랑하는 모든 동포들이 양해해서 이제부터는 다 각각 자기들의 맡은 바를 해 나가며 다시 질서를 회복시키도록……."

이승만 대통령이 하야를 발표한 거예요. 그리고 그와 함께 3·15 선거가 부정 선거였음을 인정하고 선거를 다시 치르도록 했지요. 시민들은 스스로의 힘으로 민주주의를 쟁취했다는 기쁨에 환호성을 질렀어요. 민주화 운동에 고귀한 목숨을 바친 사람들에게 깊은 감사의 눈물을 흘리기도 했지요.

이승만 대통령의 하와이 망명 1960년 5월 29일, 이승만 대통령이 하와이로 망명을 떠났다.

이승만 정부와 자유당이 물러나자, 당시 외무부 장관이었던 허정이 임시로 정부를 이끌었어요. 이를 '허정 과도 정부'라고 해요. 한편 이승만 대통령은 대통령직에서 물러난 지 약 한 달의 시간이 흐른 뒤에 대한민국을 떠나 하와이로 망명을 갔답니다.

허정 과도 정부의 가장 큰 임무는 새로운 정부가 등장하기 전에 사회를 안정시키고, 헌법을 제대로 바로잡는 것이었어요. 4·19 혁명을 통해 새로운 정치에 대한 염원을 드러낸 국민들의 뜻에 따라 헌법을 새롭게 개정해야 했지요.

야당을 중심으로 많은 정치인들이 대통령 중심제보다 국회가 중심이 되는 정치 체제로 헌법을 바꿔야 한다는 데 뜻을 함께했어요. 이에 따라 내각 책임제에 관한 개헌안이 국회를 통과했지요.

개정된 헌법에서는 내각 책임제에 따라 국회가 총리를 임명하도록 하고 그 총리를 중심으로 정부를 구성하도록 했어요. 이로써 대통령은 정부를 이끄는 대신 국가 원수로서 대외적으로 국가를 대표하는 상징적인 역할만 하게 되었지요. 그리고 국민들이 직접 선출하는 방식에서 다시 국회가 선출하는 방식으로 대통령 선거 방식도 바뀌었어요.

국회가 둘로 구성되었다는 점도 주목할 만해요. 민의원과 참의원으로 구성된 두 개의 국회는 그만큼 국회의 위상이 강화되었다는 것을 의미해요. 국회가 국가 정책에 더욱 깊이 있게 관여하고, 그에 따른 법을 철저하게 제정할 수 있게 되었거든요.

헌법이 개정되고 1960년 7월에 국회 의원 선거가 치러졌어요. 그 결과 야당이었던 민주당이 크게 승리해 국회에서 가장 많은 의석을 차지하게 되었어요. 개정된 헌법에 따라 새 정부가 구성되었지만, 사실상 민주당 중심의 정부가 꾸려진 셈이었지요.

국회에서는 민주당의 윤보선을 대통령으로 선출했어요. 그리고 민주당의 장면을 국무총리로 선출했지요. 새롭게 등장한 이 정부는 실제 정부를 이끌게 된 국무총리의 이름을 따 '장면 정부'라고 부른답니다.

장면 정부는 국민들의 성원 속에서 순조롭게 출발했어요. 국민들은 새 정부가 여러 가지 문제를 해결해 줄 것이라고 기대했고 장면 정부는 이에 부응해 의욕적으로 국정을 돌보기 시작했지요.

장면 정부는 우선 3·15 부정 선거 관련자들을 처벌하기 위한 법을 만들기 위해 헌법 개정을 추진했어요. 미국의 원조에 의존하던 우리 경제에 경쟁력을 실어 주기 위해 경제 개발 5개년 계획도 수립했지요. 하지만 4·19 혁명 이후에 각계각층에서 쏟아져 나오는 다양한 요구를 한꺼번에 수용하는 것은 벅찬 일이었

▌장면 정부의 출범 장면 정부는 대한민국의 두 번째 공화 헌정 체제로 제2공화국이라고 부르기도 한다.

어요. 한 예로 진보 세력과 학생들이 조속한 통일 논의를 주장하며 남북 학생 회담을 개최할 것을 주장했어요. 하지만 장면 정부는 통일에 대한 논의보다는 당장 경제를 살리는 것이 더 시급하다고 판단했지요. 또한 장면 정부는 이승만 정부의 비호 아래 권력을 휘둘렀던 경찰의 정치적 중립을 이루기 위해 노력했어요. 그러나 이해관계의 충돌 때문에 구체적 실행 방안인 경찰법을 입법하지 못했지요.

이 밖에도 여러 분야에서 다양한 요구들이 물밀듯이 쏟아졌어요. 장면 정부가 점진적으로 문제를 해결하려 하자 여기저기에서 불만이 터져 나왔지요. 게다가 장면 정부의 여당인 민주당이 윤보선 대통령을 중심으로 한 구파와 장면을 중심으로 한 신파로 나뉘어 분열되면서 국민들은 장면 정부에 실망하고 말았답니다.

5·16 군사 정변과
박정희 정부

장면 정부가 출범한 지 9개월이 지났어요. 이승만 정부에 대한 불만이 새 정부에 대한 큰 기대로 이어지면서 그동안 국민들이 장면 정부에 대해 실망해 온 것은 사실이에요. 하지만 9개월은 장면 정부를 판단하기에는 너무도 짧은 기간이었지요. 장면 정부는 국민들의 요구를 수용하기 위해 나름대로 많은 노력을 기울이고 있었어요. 하지만 1961년 5월 16일 이후부터는 그럴 수 없게 되었지요. 박정희를 중심으로 일부 군인들이 군사 정변을 일으켰기 때문이에요. 그들은 장면 정부를 몰아내고 권력을 장악했어요. 이를 5·16 군사 정변이라고 해요.

박정희 군부 세력은 군사 혁명 위원회라는 이름으로 다음과 같은 성명을 발표했어요.

군부가 궐기한 것은 부패하고 무능한 현 정권과 기성 정치인들에게 더 이상 국가와 민족의 운명을 맡겨 둘 수 없다고 단정하고 백척간두에서 방황하는 조국의 위기를 극복하기 위한 것입니다. 군사 혁명 위원회는 첫째, 반공을 국시로 삼고 지금까지 형식적이고 구호에만 그친 반공 체제를 재정비, 강화할 것입니다. …… 여섯째, 이와 같은 우리의 과업이 성취되면 참신하고도 양심적인 정치인들에게 언제든지 정권을 이양하고 우리들은 본연의 임무에 복귀할 준비를 갖추겠습니다.

장면 정부의 무능함과 사회 혼란을 이유로 정변을 일으킨 이들은 국가 재건 최고 회의라는 권력 기구를 조직했어요. 이 기구는 총선에 의해 국회 및 정부가 수립될 때까지 삼권(입법권, 사법권, 행정권)을 맡아 운영하는 최고 권력 기구로, 최고 책임자는 박정희였지요. 군인이 국가의 실권을 장악하고 정부를 이끄는 정

▌**장면 정권의 몰락** 1961년 5월 21일, 국무총리였던 장면이 기자 회견을 열어 정권을 포기한다고 선언했다.

■**박정희(가운데)와 군인들** 5·16 군사 정변 직후의 모습이다.

치 형태인 군정이 시작된 거예요. 그리고 장면은 5월 21일에 공식 기자 회견을 통해 내각 총사퇴를 발표했지요.

박정희 군정이 실시된 이후 여러 분야에서 개혁이 이루어졌어요. 부정한 방법으로 재산을 축적한 이들에 대한 처벌과 농촌의 부채 탕감, 화폐 개혁 등이 추진되었지요. 하지만 군인들이 언제까지고 정치를 할 수는 없었어요. 그것은 민주주의가 아니었으니까요.

또다시 새로운 정치와 새로운 정부 수립을 위한 개헌이 이루어졌어요. 이번에는 내각 책임제가 아닌 강력한 대통령 중심제로의 개헌이었지요. 1962년에 개헌이 이루어지고, 그 다음 해에 새로운 헌법에 따라 대통령 선거가 실시되었어요. 군정을 시작할 때 양심적인 정치인에게 정권을 이양하고 군인 본연의 임무로 돌아가겠다고 약속했던 박정희가 군인의 신분을 벗어던지고, 민간인으로서 대통령 후보에 나섰지요. 박정희를 지지하는 정당인 공화당의 후보로 말이에요. 이 선거에서 박정희는 대통령에 당선되었어요. 이로써 박정희 군정이 끝나고, 박정희 정부가 새롭게 출범했답니다.

박정희 정부는 당시 가장 시급한 문제로 경제 개발을 꼽았어요. 이승만 정부에서부터 장면 정부에 이르기까지 계속된 경제난으로 나라가 매우 어려웠기 때문이지요. 경제 개발을 위한 자금이 필요하던 차에 거액의 자금을 끌어올 방법이 생겼어요. 바로 한·일 국교 정상화였지요.

사실 박정희 군정 때부터 한·일 국교 정상화에 대한 양국의 비밀스러운 논의는 계속되고 있었어요. 우리 정부는 국교를 정상화하기 위해서는 기본적으로 일본의 배상이 필요하다는 입장을 보였고, 이에 따라 구체적인 돈의 액수가 제시되기도 했지요. 그런데 이 사실이 세상에 알려지면서 문제가 되었어요. 광복을 이룬 지 그리 오래 지나지 않아서 국민들은 일본과 국교를 맺는다는 사실에 크게 동요했거든요.

학생들을 중심으로 국교 정상화를 위한 한·일 회담을 반대하는 시위가 확산되었어요. 일본과의 국교 정상화는 굴욕적 외교라며 큰 시위가 일어나기도 했지요. 정부는 시위의 규모가 커지자 계엄령을 선포하고 시위대를 진압했어요.

국민들의 커다란 반대에도 1년 뒤, 국교 정상화를 골자로 한·일 협정이 체결되었어요. 이에 따라 정부는 일본으로부터 자금과 차관을 받았지만, 식민지 지배에 대한 제대로 된 사과는 받지 못했어요. 일제 강점기에 피해를 입은 일본군 위안부나 징병자, 징용자 등에 대한 개인 배상 문제 역시 해결되지 않았지요.

한편 박정희 정부는 경제 개발 자금 마련과 미국과의 우호 관계 증진을 위해 1964년부터 1973년까지 베트남에 군대를 파병했어요. 당시 베트남의 공산화를 막기 위해 베트남에 군대를 파병하던 미국이 우리나라에 참전을 요청하자 박정희 정부는 이를 수용했고 파병은 이루어졌지요. 대신에 미국은 대한민국에 군사적·경제적 지원을 약속했어요.

경제 개발을 위한 다양한 노력으로 박정희 정부는 국민들의 지지를 얻는 데 성

▌**베트남으로 파병되는 국군** 1964년부터 우리나라 전투 부대가 파병되기 시작했다.

공했어요. 그래서 1967년에 치러진 대통령 선거에서 박정희 대통령은 51.4퍼센트의 득표율로 재선에 성공했지요. 그런데 문제는 그 뒤에 치러질 대통령 선거였어요. 1회에 한해서 한 번 더 출마할 수 있도록 한 당시 헌법에 따라 박정희 대통령은 더 이상 대통령 선거에 출마할 수 없었지요. 하지만 박정희 대통령은 다음 선거에도 자신이 대통령이 될 수 있게 해 달라고 국민들에게 호소했어요. 반공 정책을 유지하고 경제 개발을 지속적으로 추진하기 위해 기회를 한 번 더 달라는 것이었지요. 그래서 1969년에 정부와 공화당은 헌법 개정을 추진했어요. '대통령의 계속 재임은 3기에 한한다.'라는 조항을 중심으로 말이지요. 이 말은 한 사람이 세 번까지는 대통령이 될 수 있다는 뜻이었어요. 4년의 임기를 고려한다면 최대 12년 동안 대통령직을 수행할 수 있었지요. 이에 대한 국민들의 반응은 다양했어요. 박정희 정부가 이승만 정부처럼 헌법을 계속 바꿔 가며 장기 집권하려는 것이라며 헌법 개정을 반대하는 사람이 있는가 하면, 경제 개발의 효과적인 추진을 위해 한 번 더 기회를 줘야 한다는 사람도 있었지요.

당시 야당이었던 신민당은 박정희 정부의 개헌 추진에 크게 반발했어요. 하지만 박정희 정부와 공화당은 개헌을 밀어붙였고, 개헌안은 결국 국회와 국민 투표를 거치며 통과되었답니다.

유신 체제의
성립

　1971년에 박정희 대통령은 헌법이 개정된 덕분에 세 번째로 대통령 선거에 나섰어요. 신민당에서는 김대중을 후보로 내세웠지만 결과는 박정희 대통령의 승리였지요. 하지만 김대중과의 표 차이는 그리 크지 않았고 박정희 정부와 공화당은 이 사실에 위기의식을 느꼈어요. 정책의 변화가 시급한 상황이었지요.

　국제 정세의 변화도 박정희 정부의 정책에 큰 영향을 주었어요. 그동안 세계는 미국 중심의 자유주의 진영과 소련 중심의 공산주의 진영으로 크게 나뉘어 냉전 체제를 이루고 있었어요. 그런데 미국의 닉슨 대통령이 더 이상 다른 나라의 일에 간섭하지 않겠다며 사실상 베트남에서의 철수를 선언하면서 냉전 체제는 크게 완화되는 양상을 보였지요. 상황이 이렇게 돌아가자 박정희 정부도 그동안 내세웠던 반공 체제를 그대로 지킬 수만은 없었어요.

　게다가 국내의 상황도 이전과는 달라졌어요. 남북 관계에 변화가 찾아왔어요. 1972년에 남한과 북한이 7·4 남북 공동 선언을 전격적으로 발표했거든요. 남한과 북한이 통일 3대 원칙에 합의하고 공동 성명을 발표하면서 우리나라에는 통일을 기대하는 분위기가 크게 무르익었어요. 국내외의 큰 변화 속에서 1972년 10월 17일에 박정희는 대국민 특별 선언을 했지요.

친애하는 국민 여러분!

나는 우리 조국의 평화와 통일 그리고 번영을 희구하는 국민 모두의 절실한 염원을 받들어 우리 민족사의 진운을 영예롭게 개척해 나가기 위한 나의 중대한 결심을 국민 여러분 앞에 밝히는 바입니다. …… 오늘의 이 역사적 과업을 강력히 뒷받침해 주는 일대 민족 주체 세력의 형성을 촉성하는 대전기를 마련하기 위해 다음과 같은 약 2개월간의 헌법 일부 조항의 효력을 중지시키는 비상조치를 국민 앞에 선포하는 바입니다.

- 1972년 10월 17일 19시를 기해 국회를 해산하고, 정당 및 정치 활동의 중지 등 현행 헌법의 일부 조항 효력을 정지시킨다.
- 일부 효력이 정지된 헌법 조항의 기능은 비상 국무 회의에 수행되며, 비상 국무 회의 기능은 현행 헌법의 국무 회의가 수행한다.
- 비상 국무 회의는 1972년 10월 27일까지 조국의 평화 통일을 지향하는 헌법 개정안을 공고하며, 이를 공고한 날로부터 1개월 이내에 국민 투표에 붙여 확정시킨다.
- 헌법 개정안이 확정되면 개정된 헌법 절차에 따라 늦어도 금년 연말 이전에 헌정 질서를 정상화시킨다.

박정희 대통령의 이 선언을 10월 유신 선언이라고 해요. 이 선언에 야당은 크게 반발했지만, 박정희 정부가 제시한 헌법 개정안은 그해 11월에 국민 투표를 거쳐 확정되었지요. 이를 유신 헌법이라고 해요.

유신 헌법은 국가의 권력을 입법권, 사법권, 행정권으로 분리하는 민주주의 원칙인 삼권 분립이 지켜지지 않은 헌법이었어요. 대통령의 권한이 너무도 막강했기 때문이지요. 그럼에도 이 헌법은 국민 투표에서 약 91퍼센트의 찬성표를 얻으며 절대적인 지지를 받았어요. 민주주의 국가에서 이렇게 비민주적인 헌법이 압도적으로 통과되었다는 사실이 의아할지도 모르지만 당시 국민들은 7·4 남북 공동 성명 이후 통일에 대한 큰 기대와 우려를 함께 가지며 기존의 대통령이 그 일을 잘 마무리해 주기를 기대했던 것 같아요. 헌법의 민주적 요소를 하나하나 따지기보다 대통령의 강력한 지도력으로 당장에 직면한 통일 문제나 경제 문제가 잘 해결되기를 기대한 것이지요.

유신 헌법은 어떠한 면에서 민주주의의 원칙을 지키지 못한 헌법으로 평가받을까요? 유신 헌법은 통일 주체 국민 회의라는 기구에서 토론 없이 무기명 투표로 대통령을 선출하도록 규정했어요. 또 그렇게 선출된 대통령의 임기를 6년으로 정하고 횟수의 제한 없이 계속해서 출마할 수 있도록 했지요. 그리고 대통령이 국회 의원의 3분의 1을 추천할 수 있도록 해 국회가 대통령을 견제할 수 없도록 만들었어요. 이는 대통령이 국회 의원의 3분 1을 임명하는 것과 마찬가지였거든요.

뿐만 아니라 유신 헌법은 대통령이 헌법 위에 군림한다는 평가를 받기도 했어요. 그 대표적인 것이 대통령의 긴급 조치 권한이었지요.

유신 헌법 제53조
① 대통령은 천재·지변 또는 중대한 재정·경제상의 위기에 처하거나, 국가의 안전 보장 또는 공공의 안녕질서가 중대한 위협을 받거나 받을 우려가 있어, 신속한 조치를 할 필요가 있다고 판단할 때에는 내정·외교·국방·

경제·재정·사법 등 국정 전반에 걸쳐 필요한 긴급 조치를 할 수 있다.

② 대통령은 제1항의 경우에 필요하다고 인정할 때에는 이 헌법에 규정되어 있는 국민의 자유와 권리를 잠정적으로 정지하는 긴급 조치를 할 수 있고, 정부나 법원의 권한에 관하여 긴급 조치를 할 수 있다.

긴급 조치는 대통령이 헌법에 명시된 국민의 자유와 권리도 정지시킬 수 있는

▌**1972년 대통령 선거** 통일 주체 국민 회의에 의해 대통령 선거가 치러졌다.

강력한 권한이었어요. 긴급 조치를 견제할 수 있는 방법은 사실상 없었어요. 왜냐하면 긴급 조치는 사법적 심사의 대상이 되지 않는다고 헌법에 명시되어 있었기 때문이지요. 다시 말해 대통령이 내리는 긴급 조치에 대해서는 사법 기관조차 합법성 여부를 판단할 수 없다는 거예요. 물론 국회 의원의 과반수가 찬성하면 대통령에게 긴급 조치의 철회를 건의할 수는 있었어요. 하지만 그것은 어디까지나 건의일 뿐이지, 철회시킬 수 있는 권한은 아니었지요. 오직 대통령만이 긴급 조치를 내리고, 철회할 수 있었답니다.

1972년, 유신 헌법에 따라 대통령 선거가 치러졌어요. 물론 국민이 직접 선출하는 방식이 아니라, 통일 주체 국민 회의에 의한 간접 선출 방식으로 진행되었지요. 통일 주체 국민 회의는 박정희 대통령을 또다시 대통령으로 선출했어요. 이제 박정희 대통령은 6년의 임기를 마친 뒤에도 그가 원한다면 얼마든지 계속 대통령 선거에 출마할 수 있게 되었어요.

이처럼 반민주적인 유신 체제에 국민들이 반발하기 시작했어요. 기존의 정치인들은 물론 지식인, 종교인, 학생 등 다양한 계층의 사람들이 한 목소리로 유신 헌법 철폐 운동을 펼쳤지요. 그럴 때마다 박정희 정부는 긴급 조치를 잇달아 발동하며 이들을 탄압했어요.

1978년에 임기가 끝난 박정희 대통령이 다시 통일 주체 국민 회의에 의해서 대통령에 선출되었어요. 또다시 6년의 임기가 시작된 거예요. 하지만 그해에 실시된 국회 의원 선거에는 새로운 정치를 원하는 국민들의 바람이 반영되었어요. 국민이 직접 투표한 국회 의원 선거에서 야당인 신민당이 여당인 공화당보다 더 많은 국회 의원을 배출한 거예요. 이는 국민들이 유신 체제를 비판적으로 생각하고 있다는 것을 상징적으로 드러낸 일이었어요.

▌**부마 항쟁** 1979년 10월, 박정희 유신 체제에 항거해 부산과 마산 지역의 시민들이 시위를 일으켰다.

　이듬해인 1979년에 우리나라의 경제 사정이 더욱 악화되면서 유신 체제에 대한 비판과 반대 시위는 더욱 거세졌어요. 부산과 마산을 중심으로 대규모 시위가 벌어지기도 했지요. 이를 부·마 항쟁이라고 해요. 그리고 그해 10월 26일, 대한민국을 발칵 뒤집어 놓은 사건이 일어났어요. 그것은 바로 중앙정보부장인 김재규가 박정희 대통령을 저격한 일이었어요. 이 일로 박정희 정부의 유신 체제는 막을 내렸지만 대통령을 잃은 대한민국은 큰 충격에 휩싸였답니다.

5·18 민주화 운동

　박정희 대통령이 서거하자 당시 국무총리였던 **최규하**가 대통령 권한 대행을 맡아 사태를 수습하고 국정을 이끌었어요. 하지만 언제까지고 대통령의 자리를 비워 둔 채 대행 체제를 유지할 수는 없었지요. 통일 주체 국민 회의는 1979년 12월에 최규하 권한 대행을 대통령으로 선출했어요.

　그러나 국정을 안정시키려는 이러한 노력은 물거품이 되고 말았어요. 전두환과 **노태우**를 중심으로 한 군인 세력이 **쿠데타**를 일으켜 정권을 장악했기 때문이지요. 12월 12일에 쿠데타가 일어났다고 해서 이를 **12·12 사태**라고 해요. 그리고 쿠데타를 일으킨 이들은 새롭게 등장한 군부 세력이라고 해서 **신군부**라고 부르지요.

　이들은 반란을 일으키려 한 상관들을 진압하기 위해 어쩔 수 없이 군대를 동원한 것이라며 군사 반란의 명분을 오히려 반란의 진압에 두었어요. 그리고는 무력으로 권력을 장악하고, 최규하 정부를 무기력하게 만들었지요.

　신군부가 쿠데타를 일으키고 권력을 장악하는 모습에 국민들은 이듬해 봄이 되자 거리로 쏟아져 나왔어요.

"신군부는 퇴진하라! 우리는 민주화를 요구한다."

성난 국민들의 행진은 서울과 대도시를 중심으로 퍼져 나가기 시작했어요. 외신들은 1980년에 있었던 이 대규모 민주화 시위 상황을 1968년에 벌어진 체코슬로바키아

▌**서울의 봄** 1980년 5월 15일, 35개 대학교의 10만 여명의 학생들이 비상계엄 해제를 요구하며 서울역 앞에서 시위를 벌였다.

의 민주화 운동인 '프라하의 봄'에 빗대어 서울의 봄이라고 불렀지요.

하지만 신군부는 꿈쩍도 하지 않았어요. 오히려 시위를 하는 국민들을 강압적으로 진압했지요. 1980년 5월 17일에 신군부는 *비상계엄을 전국적으로 확대했어요. 계엄군은 광주 지역에 집중적으로 투입되었지요. 하지만 광주 시민들은 이에 굴하지 않고 더욱 격렬하게 신군부의 퇴진과 민주화를 요구했어요. 5·18 민주화 운동은 이렇게 해서 시작되었답니다. 계엄군은 시민들을 위협하는 데서 그치지 않고 실제로 총을 쏘며 시위대를 진압했어요. 이 과정에서 수많은 사람들이 무고하게 목숨을 잃었지요. 국가와 민족을 지키기 위해 군대에 간 청년들이 정작 지켜야 할 국민들을 지키지 않고 마구 짓밟아 죽음으로 내몬 비극적인 상황이 벌어진 거예요.

비상계엄 국가 비상사태가 발생해 사회 질서가 극도로 교란되어 행정 및 사법 기능의 수행이 곤란할 때 대통령이 선포하는 계엄을 말한다.

▎**5·18 민주화 운동** 5월 18일부터 5월 27일까지 광주광역시와 전남 지역의 시민들은 계엄령의 철폐와 신군부의 퇴진 등을 요구하며 시위를 벌였다.

우리는 왜 총을 들 수밖에 없었는가? 그 대답은 너무나 간단합니다. 너무나 무자비한 만행을 더 이상 보고 있을 수만 없어서 너도나도 총을 들고 나섰던 것입니다. …… 정부 당국에서는 17일 야간에 계엄령을 확대 선포하고 일부 학생과 민주 인사, 정치인을 도무지 믿을 수 없는 구실로 불법 연행했습니다. 이에 우리 시민 모두는 의아해했습니다. 또한 18일 아침에 각 학교에 공수 부대를 투입하고 …… 이에 우리 학생들은 다시 거리로 뛰쳐나와 정부 당국의 불법 처사를 규탄했던 것입니다. 그러나, 아! 이럴 수가 있단 말입니까? 계엄 당국은 18일 오후부터 공수 부대를 대량 투입해 시내 곳곳에서 학생, 젊은이들에게 무차별 살상을 자행했으니! …… 그런데도 정부와 언론에서는 계속 불순배, 폭도로 몰고 있습니다.

― 광주 시민군 궐기문

광주의 시민들은 총과 각종 무기로 무장한 계엄군의 공격을 맨몸으로 막을 수만은 없다고 판단했어요. 그래서 관공서와 경찰서 등의 무기고에서 무기를 빼내 무장을 하고는 시민군을 조직했지요. 5월 25일, 전남 도청 앞에 모인 5만 명의 시민들은 총을 들고 끝까지 고향을 지킬 것을 다짐했어요.

이에 신군부는 광주를 외부와 차단시키고 언론을 이용해 광주 지역의 시민들을 폭도로 몰아붙였어요. 5월 27일에는 헬기와 탱크를 동원해 시민군을 무력으로 진압하고 전남 도청을 점령했지요.

5·18 민주화 운동은 신군부의 강제 진압으로 끝이 나고 말았어요. 하지만 4·19 혁명과 함께 우리나라 민주화 운동에 큰 획을 그은 역사적 사건으로 여전히 기억되고 있답니다. 2011년에는 5·18 민주화 운동과 관련된 각종 기록물(사진, 영상, 문서 등)이 그 역사적 가치를 인정받아 유네스코 세계 기록 유산에 등

재되기도 했지요.

한편 5·18 민주화 운동 이후 전두환 신군부는 곧바로 국가 보위 비상 대책 위원회(국보위)를 설치했어요. 국보위는 입법권, 사법권, 행정권을 모두 장악한 최고 권력 기구로, 신군부에 반대하는 사람은 언론인, 교육자 등을 가리지 않고 모두 해직시키거나 탄압했지요. 이처럼 신군부가 권력을 완전히 장악한 가운데, 1980년 8월 16일에 최규하 대통령이 담화문을 발표했어요.

친애하는 국민 여러분!

작년 10월 26일 국가 원수의 돌연한 서거로 나는 헌법이 정하는 바에 따라 대통령 권한 대행의 중책을 맡게 되었으며, 이어 국가의 보위와 정치적, 사

회적 안정을 염원하는 대다수 국민의 여망과
합의의 바탕 위에서 제10대 대통령에 선출되
어 국정의 최고 책임자로서의 대임을 수행해
왔습니다. …… 오늘 대통령직을 떠나면서 나
는 다시 한 번 국민 여러분에게 대립과 분열
이 아닌 이해와 화합으로 대동단결하고, 불퇴
전의 의지와 용기로 부강한 민주 국가를 건
설해 대한민국의 민족사적 정통성에 입각한
평화 통일의 기반을 착실히 구축해 나가도록
간곡히 당부 드리고자 합니다……

▌5·18 민주 항쟁 추모탑 광주 광역시 북구 운정
동 국립 5·18 묘지에 세워져 있다.

　최규하 대통령이 하야를 선언한 거예요. 어쩌면
최규하 대통령은 전두환 신군부가 정치권력을 완
전히 장악한 가운데 대통령으로서 임무를 수행하
는 데 한계를 느꼈는지도 몰라요. 그렇게 최규하 대통령이 하야하고 11일이 지
난 뒤, 통일 주체 국민 회의는 다시 대통령을 선출했어요. 예상대로 전두환이
단독 후보로 선거에 출마해 대통령이 되었지요.

6월 민주 항쟁

대통령이 된 후 전두환은 헌법 개정을 시도했어요. 국민들의 지지를 얻지 못한 채 외면당한 유신 헌법을 버리고 새로운 헌법에 따라 대통령이 되고 싶었기 때문이지요.

> **대한민국 헌법**
>
> 1980. 10. 27. 헌법 제9호
>
> 제39조 대통령은 대통령 선거인단에서 무기명 투표로 선거한다.
>
> 제45조 대통령의 임기는 7년으로 하며, 중임할 수 없다.

결국 1980년 10월에 또다시 헌법이 개정되었어요. 대통령의 선출 방식과 임기에 변화가 있었지요. 개정된 헌법에서는 대통령 선거인단에서 간접 선거 방식으로 대통령을 선출하도록 했어요. 사실 이 방식은 유신 헌법에서 통일 주체 국민 회의가 대통령을 선출하는 것과 큰 차이는 없었답니다. 다만 대통령의 임기

부분에서 유신 헌법과 큰 차이를 보였지요. 유신 헌법에서는 6년의 임기에 이어 계속해서 대통령 선거에 출마할 수 있었지만 개정된 헌법에서는 7년의 임기를 마치면 더 이상 대통령 선거에 출마할 수 없도록 했거든요. 전두환 대통령은 1981년 2월에 대통령 선거인단의 간접 선거에 의해 다시 대통령으로 선출되었고, 그의 7년 임기가 시작되었어요.

전두환 정부는 집권 초기부터 유화 정책을 펼쳤어요. 야간 통행금지 제도를 폐지하고, 중·고등학생들의 두발과 교복을 자율화하기도 했지요. 또한 국민들의 관심사를 정치에서 스포츠나 문화 쪽으로 돌리기 위해 애썼어요. 프로 야구단도 이 시기에 창단되었지요. 이로 인해 국민들은 이전에 비해 조금은 더 자유로운 분위기 속에서 생활할 수 있었지만 전두환 정부 역시 자신들에게 반기를 드는 사람들은 계속해서 탄압했어요. 특히 전두환 대통령의 대통령 임기가 만료될 즈음에는 탄압의 정도가 더욱 극심해졌지요.

"이 기사를 좀 보게. 결국 박종철이 고문으로 죽은 것이 확실해졌다네."

1987년 1월 15일 서울대학교 학생이었던 박종철이 경찰의 고문 끝에 숨졌다는 내용이 기사로 다루어졌지요. 당시 치안본부장이었던 강민창은 친구의 소재를 묻던 중 책상을 탁 치니 박종철이 갑자기 '억' 소리를 지르면서 쓰러져 사망했다고 발표했어요. 기사의 제목이었던 '탁 치니 억 하고 죽었다.'라는 표현이 한동안 군사 정권을 조롱하는 유행어로 사용될 정도로 황당한 핑계였지요.

결국 경찰은 19일 오전 10시에 기자 회견을 갖고 박종철의 연행 경위와 사망 원인 등을 철저히 규명한 결과, 담당 수사관의 고문에 의한 사망임이 확인되었다고 발표했어요. 박종철이 물고문에 의해 숨졌다는 사실이 확실해지면서 국민들은 분노에 휩싸였어요. 그 와중에 경찰이 박종철의 죽음을 은폐하기 위해 가족들의 동의도 얻지 않고 시신을 화장하려던 사실이 알려지자 성난 시민들이

■ **박종철의 사망으로 인해 발생한 시위** 1987년 2월 1일, 명동성당 앞에서 시민들이 전경과 대치하고 있는 모습이다.

움직이기 시작했지요. 대학생을 중심으로 헌법의 개정과 대통령의 직선제를 주장하는 시위가 끊임없이 이어졌어요.

전두환 정부는 국민들의 반응에 크게 당황했어요. 어떤 식으로든 이 상황을 풀어 나가야만 했지요. 전두환 정부는 문제를 해결하기 위해 국민들에게 사과를 하고 일을 바로잡는 대신 정면 돌파를 선언했어요.

"본인은 임기 중에 개헌이 불가능하다고 판단하고 현행 헌법에 따라 내년 2월 25일에 본인의 임기 만료와 더불어 후임자에게 정부를 이양할 것을 천명하는 바입니다."

전두환 대통령의 이 발표를 4·13 호헌 조치라고 해요. 전두환 대통령은

6월 민주 항쟁 1987년 6월 10일부터 6월 29일까지 전국적으로 민주화 시위가 일어났다.

1987년 4월 13일에 국민들에게 대통령으로서 헌법을 지키겠다고 선언했어요. 대통령이 헌법을 수호하는 것은 당연한 일이었지만 문제는 당시의 헌법이 국민들이 원하지 않는 헌법이라는 데 있었지요. 헌법이 유지된다면 전두환 대통령이 임기를 마친다고 해도 대통령 선거인단에서 당시 여당이었던 민주 정의당(민정당)의 후보를 대통령으로 선출할 것이 뻔했어요. 당시 민정당의 대표는 전두환 대통령과 함께 12·12 사태를 주도했던 노태우였어요.

　국민들의 저항은 극에 달했어요. 그해 6월에 직선제 개헌과 민주화를 요구하는 시위가 거세게 일어났어요. 이를 6월 민주 항쟁이라고 해요. 시위 중 연세대학교에 재학 중이던 이한열이 경찰이 쏜 최루탄에 맞아 혼수상태에 빠지면서 국민들의 분노는 더욱 불타올랐지요. 사람들이 거리로 쏟아져 나오자 전두환 정부는 이들을 막으려고 안간힘을 썼어요. 하지만 막으면 막을수록 시위의 규모는 계속 커져만 갔지요.

결국 여당의 대표이자, 대통령 후보로 지명된 노태우가 성명을 발표했어요. 이 성명을 6·29 민주화 선언이라고 해요.

"저는 국민들이 원하는 대통령 직선제를 수용하고, 그에 따라 헌법을 개정하는 데 동의합니다."

국민들은 크게 환호했어요. 여기저기에서 민주주의의 승리를 외쳤지요. 민주화를 위해 흘린 국민들의 피와 땀이 결국은 대통령 직선제라는 결실을 얻어 낸 것이라고 믿었지요.

6·29 민주화 선언에 따라 여당과 야당은 합의하에 개헌안을 마련했어요. 대통령은 직선제로 선출하고, 대통령의 임기는 5년으로 규정했지요. 이 개헌안은 국민 투표를 거쳐 무사히 통과되었어요. 이제는 바뀐 헌법에 따라 새로운 대통령만 선출하면 끝이었지요.

대다수의 국민들은 야당 후보가 대통령에 당선될 것을 확신했어요. 하지만 예상하지 못한 일이 벌어졌어요. 야당 내에서 분열이 발생한 거예요. 김영삼과 김대중이 서로 대통령 후보가 되겠다고 나섰어요. 하지만 야당에서 두 명의 후보가 나온다면 표가 분산되기 때문에 야당의 승리를 장담할 수가 없었어요. 야당의 정치인들과 야당을 지지하는 많은 국민들이 김영삼과 김대중에게 후보 단일화를 요구했어요. 두 사람 모두 후보 단일화에는 동의했지만 서로 후보가 되겠다는 데에는 한 치의 양보가 없었지요. 그리고 결국 두 사람은 모두 대통령 후보에 나섰답니다.

드디어 1987년 12월 16일에 제13대 대통령 선거가 치러졌어요. 1971년에 박정희를 대통령으로 뽑은 이후 16년만에 치러진 대통령 직선제였지요. 국민의 힘으로 민주적인 선거를 치르게 된 거예요. 투표율도 89퍼센트에 달했지요. 하지만 많은 이들의 바람과는 달리 민정당의 노태우가 대통령으로 당선되었어요. 대통령 직선제를 위해 민주화 운동을 벌였던 많은 국민들이 크게 실망했지요. 야당 후보 간의 분열로 이러한 결과가 나온 것에 대해 분노하는 국민들도 많았어요.

하지만 결과는 받아들여야 했어요. 비록 국민의 과반수에도 못 미치는 36.6퍼센트의 득표율로 당선되었지만, 노태우는 엄연히 대통령 직선제에 따라 국민이 선택한 대통령이었으니까요.

▌**노태우(1932~)** 제13대 대통령으로 당선되어 선서를 하고 있다.

제13대 대통령 선거 투표 및 주요 후보 득표율

선거인 수	투표자 수	유효 투표수(득표율)					계	무효 득표수	기권 수
		민주정의당 (여당)	통일민주당 (야당)	평화민주당 (야당)	신민주공화당 (야당)	한주의통일한국당 (야당)			
		노태우	김영삼	김대중	김종필	신정일			
25,127,158	23,066,419	8,282,738 (36.6%)	6,337,581 (28%)	6,113,375 (27%)	1,823,067 (8.1%)	46,650 (0.2%)	22,603,411	463,008	2,060,739

민주주의의
성숙

6월 민주 항쟁 이후 여러 정부를 거치며 우리나라의 민주주의는 한층 더 성숙해졌어요. 이와 함께 국민의 기본권이 더욱 확대되었고, 경제와 문화도 발전했지요.

1988년에 출범한 노태우 정부는 여당이 국회의 과반수 이상을 차지했어요. 하지만 그해 치러진 국회 의원 선거를 통해 야당의 국회 의원 수가 여당보다 더 많아졌어요.

수적으로 우세해진 야당 의원들은 국회 청문회를 열고 5·18 민주화 운동 과정에서 있었던 전두환 신군부의 불법적 행위를 국민들 앞에 공개하려 했어요. 또한 전두환 정부 시기에 저질러졌던 각종 비리도 찾아내려 했지요. 많은 국민들이 텔레비전 앞에서 청문회 현장을 생방송으로 지켜보았어요. 국민의 관심은 뜨거웠지요. 하지만 여러 증인들이 잘 기억이 나지 않는다거나 모르겠다는 대답으로 질문 공세를 피해간 데다, 전두환 전 대통령과 함께 12·12 사태를 주도했던 노태우 대통령이 대통령으로서 정부를 이끌던 시기였기 때문에 진실을 규명하

고 죄인을 처벌하는 데 한계가
있었답니다.

1993년에는 김영삼 정부가 출
범했어요. 김영삼 대통령은 원
래 야당 중 하나인 통일 민주당
의 지도자였는데 1990년에 노
태우 대통령과 손을 잡고 민주
자유당이라는 정당을 새롭게
만들었어요. 그리고 민주 자유
당의 대통령 후보로 출마해 마
침내 대통령에 당선되었지요.

▌ **김영삼(1927~)** 제14대 대통령으로 당선되었다.

김영삼 정부 시기에는 역사 바로 세우기 운동이 전개되었어요. 이 과정에서
12·12 사태를 일으키고, 5·18 민주화 운동에 계엄군을 투입해 국민들을 무력으
로 진압한 세력들이 재판을 받기도 했지요. 이때 전직 대통령인 전두환과 노태
우도 죄를 묻기 위해 법정에 세우고 징역을 받도록 했으나, 후에 국민 화합이라
는 명분으로 사면되었답니다.

역사 바로 세우기 운동의 일환으로 추진되었던 조선 총독부 건물 철거 문제는
당시 큰 화젯거리였어요. 일제 강점기에 일본은 경복궁의 홍례문을 밀어 버리고
조선 총독부 건물을 지었어요. 조선 총독부는 일본이 우리나라에 설치한 최고
식민 통치 기관이었지요. 광복 이후 조선 총독부 건물은 정부 기관이나 박물관
등으로 활용되었어요. 하지만 경복궁 앞에 이 건물이 계속 존재한다는 사실에
비판적인 여론이 많았답니다. 역사의 현장을 보존해야 한다는 의견도 있었지만,
우리나라 국민들 대부분은 조선 총독부 건물을 철거해야 한다는 의견에 동의했

어요. 이에 따라 1995년 8월 15일, 광복절을 기념하며 결국 조선 총독부 건물은 철거되고 말았지요.

김영삼 정부는 비리를 없애기 위해 제도적인 장치를 마련했어요. 고위 공직자의 재산을 공개하고, 가명이나 다른 사람의 이름을 이용해 금융 거래를 하지 못하도록 금융 실명제를 실시했지요. 이러한 노력은 우리나라의 정치·경제 부문의 부정부패를 줄이는 데 크게 기여했어요. 하지만 정권 말기에 정부와 관련된 여러 가지 비리가 드러나고, 외환 위기 사태가 일어나는 등 정치·경제적으로 위기가 발생해 국민들의 비난을 받기도 했답니다.

■ 제15대 대통령인 김대중(1926~2009)(상)
■ 제16대 대통령인 노무현(1946~2009)(하)

김영삼 정부에 이어 1997년에는 김대중 정부가 출범했어요. 야당의 지도자였던 김대중 대통령은 여당의 대통령 후보를 물리치고 대통령에 당선되었지요. 이는 우리나라 민주주의 역사상 선거를 통해 평화적으로 여당과 야당이 교체된 최초의 순간이기도 했어요. 경제 회복을 위해 힘쓴 결과, 김대중 정부 시기에 우리나라는 외환 위기를 극복해 냈어요. 또 분단 이후 최초로 남북 정상 회담을 개최해 한반도에 평화로운 분위기를 형성했지요.

2003년에는 노무현 정부가 들어

섰어요. 노무현 정부는 참여 정부를 표방하며 권위주의를 청산하려는 노력을 기울였어요. 그와 함께 제2차 남북 정상 회담을 추진했지요.

2008년에는 이명박 정부가 들어섰어요. 야당의 대통령 후보였던 이명박 후보가 대통령에 당선되었지요. 2013년에는 박근혜 정부가 들어섰어요. 박근혜 대통령은 우리나라 민주주의 역사상 최초의 여성 대통령입니다. 2017년에는 문재인 정부가 들어섰습니다.

이처럼 우리나라는 여러 정부를 거치며 민주주의를 발전시키기 위한 노력을 하고 있어요.

▌제17대 대통령인 이명박(1941~)(상)
▌제18대 대통령인 박근혜(1952~)(하)

중국의
민주화 운동

　우리나라는 4·19 혁명과 5·18 민주화 운동, 6월 민주 항쟁, 등을 거치며 민주 주의를 수호하고 발전시켰어요. 반면 북한은 독재 세습 체제를 구축하며 북한식 사회주의 체제를 고수하고 있지요. 그렇다면 한반도와 가까운 중국은 어떠한 정치적 변화를 겪었을까요?

중국의 톈안먼 사건

　1949년에 수립된 중화 인민 공화국(이하 중국)은 마오쩌둥을 중심으로 한 공산당 세력이 권력을 장악했어요. 이후 1976년에 마오쩌둥이 사망하기 전까지 중국은 사회주의 체제를 고수했지요.

　1976년에 덩샤오핑이 개혁·개방 정책을 펼치며 중국에는 큰 변화가 일어났어요. 그 과정에서 경제는 크게 도약했지요. 개혁·개방 정책과 맞물려 중국 내에서는 민주화에 대한 요구가 커졌어요. 1989년에 지식인과 대학생들을 중심으로 민주화를 요구하는 움직임이 일어나며 베이징의 톈안먼 광장에서 대대적인 시위가 벌어지기도 했지요. 이것이 바로 톈안먼 사건이에요. 수많은 사람들이 정치 개혁뿐 아니라 인권 존중 등을 요구하며 정부를 압박했어요. 그러나 공산당 정부는 이들을 무력으로 진압했고 그 과정에서 많은 희생자가 발생했지요.

타이완의 국민당 지배 체제

1949년에 공산당에게 중국 대륙을 내준 중국 국민당 정부는 타이완으로 거처를 옮겼어요. 당시 국민당을 이끌던 장제스는 겉으로 자유 민주주의 국가를 표방했지만, 실제로 국민당 정부는 1987년까지 계엄령 하에서 국민들을 통치했지요. 국민들의 자유는 제한받았고, 정당은 오직 국민당 하나뿐이었어요.

국민당의 독주 체제가 이어지자 국민들이 반발하며 민주화를 요구하기 시작했어요. 끈질긴 노력 끝에 2000년에는 야당인 민진당이 정부

장제스(1887~1975)(좌)와 마오쩌둥(1893~1976)(우)

를 이끌게 되었지요. 하지만 그 뒤로 민진당이 '반공'이라는 국민당의 지배 이념을 답습하며 국민들에게 실망을 안겨 주면서 국민당이 재집권하게 되었답니다.

3장

경제 성장과 문화 발전

우리나라는 6·25 전쟁으로 폐허가 된 땅에서 '한강의 기적'을 이루어 냈어요. 그리고 오늘날 수출 강대국으로 우뚝 서며 경제가 크게 성장했지요. 올림픽과 월드컵이라는 세계적인 스포츠 축제를 성공적으로 개최하고, '한류'의 바람을 일으키며 문화적으로도 크게 발전했고요. 지금부터는 우리나라의 경제와 문화가 어떻게 성장하고 발전했는지 살펴보도록 해요.

폐허가 된
대한민국의 재건

6·25 전쟁은 우리나라 역사상 가장 비극적인 사건 중 하나예요. 이 전쟁으로 인해 한반도는 남과 북으로 분단되었고, 우리 민족의 통일은 더욱 멀어져 갔지요.

▌**전쟁고아** 6·25전쟁으로 부모를 모두 잃은 아이들이 수없이 많았다.

물론 휴전 이후 다시 전쟁이 벌어지지는 않았지만 서로 대립하는 상황은 오늘날까지 계속되고 있어요. 전쟁은 수많은 전쟁고아와 이산가족을 만들었어요. 일부 학자에 따르면 당시 전쟁으로 1000만 명의 이산가족이 생겨났다 해요. 전쟁으로 갑작스럽게 가족을 잃은 이들의 슬픔과 고통은 이루 말할 수 없었겠지요.

전쟁 이후 우리나라의 모든 것은 엉망이 되다시피 했어요. 특히 경제적인

■ **이산가족을 찾는 사람들** 1983년 6월 30일, KBS에서 이산가족을 찾는 프로그램을 방영했다.

피해는 상상을 초월했지요. 산업 생산 시설의 약 42퍼센트가 파괴되었을 뿐만 아니라 국토 곳곳이 황폐해져 농사짓기에 어려운 땅들이 넘쳐 났어요. 국민들은 기본적인 생활필수품은 물론, 먹을 음식조차 부족해 큰 고통을 겪었지요.

그렇다고 해서 정부의 도움을 기대할 수 있는 상황도 아니었어요. 정부는 보통 세금으로 국가의 재정을 확보해요. 하지만 전쟁 중에는 세금을 온전히 걷을 수 없었기 때문에 전쟁 직후 정부의 재정이 넉넉할 리 없었지요. 게다가 전쟁이 완전히 끝난 것이 아니라 휴전된 것이었기 때문에 여전히 국방에도 신경을 써야 했어요. 그러다 보니 국가 재정의 상당수가 국방에 소요되었지요. 이 때문에 국민들은 국민 나름대로 힘겨운 생활을 이어 가야 했고 국가는 국가대로 재정 적자에 시달려야만 했답니다. 당시 우리나라를 보는 세계 여러 나라의 시각은 비관적이었어요. 모두들 쉽게 나라를 재건할 수 없을 것이라고 전망했지요.

이승만 정부는 이러한 문제를 해결하기 위해 미국의 도움을 받기로 했어요. 전쟁 직후 미국은 농산물 위주로 우리나라를 본격적으로 원조하기 시작했어요. 당시 미국은 광대한 국토에서 대량의 농산물을 생산해 내고 있었어요. 그래서 남는 농산물, 즉 잉여 농산물이 많았지요. 미국은 잉여 농산물과 함께 식료품과 의복 등의 생활필수품도 함께 지원해 주었어요.

미국이 원조한 물자를 세부 품목으로 나누어 보면 설탕 원료, 목화, 밀 등이 상당수를 차지했어요. 이것들을 바탕으로 우리나라에서는 여러 가지 산업이 일어나기 시작했지요. 설탕을 만드는 제당 산업과 목화를 이용해 면을 만드는 면직물 산업 그리고 밀을 빻아서 밀가루를 만드는 제분 산업이 바로 그것이랍니다. 이 세 개의 산업을 통틀어 삼백 산업이라고 해요. 이들 산업의 재료가 모두 흰색을 띠고 있다고 해서 붙여진 이름이지요. 1950년대에 삼백 산업은 우리나라

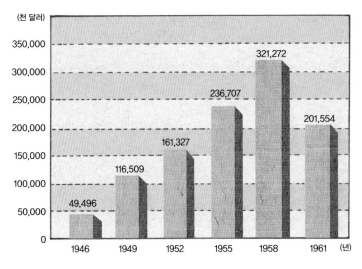

▌미국의 경제 원조액 변화 양상

국가 경제의 중심 산업이 되었어요.

미국의 원조는 당시 폐허나 다름없던 우리나라 경제에 큰 도움을 주었어요. 미국의 원조가 없었다면 우리나라는 오랜 세월 고통의 시간을 보내야 했을지도 모르니까요. 하지만 미국의 원조가 모든 면에서 긍정적인 영향을 준 것은 아니었어요. 우리나라 농산물의 가격이 폭락하면서 농민들이 큰 타격을 입었거든요. 심한 경우에는 농사를 아예 접어야 하는 상황에까지 처했지요.

미국에서 막대한 양의 밀이 들어오면서 밀 농사를 짓던 농민들은 한숨을 내쉬어야 했어요. 미국산 밀이 국내에 싸게 유통되면서 국내산 밀의 가격도 떨어졌기 때문이에요. 이는 자연스럽게 농가의 소득 감소로 이어졌고, 점차 밀 농사를 그만두는 농가가 속출했어요.

사실 근본적인 문제점은 따로 있었어요. 그것은 바로 우리나라가 미국의 원조에만 너무 기대었다는 점이에요. 1950년대 말부터는 미국의 원조가 무상 원조에서 차관 방식으로 바뀌었어요. 대가 없이 지원해 주는 것이 아니라, 빌려 주는 형태로 도움을 주겠다는 뜻이었지요. 미국에 절대적으로 의존하고 있던 우리나라의 경제는 크게 휘청거릴 수밖에 없었어요. 어떻게 해서든 변화하지 않으면 안 될 상황에 놓이게 되었지요.

한강의 기적

　대한민국은 미국의 원조 물자에 기반한 경제 성장에 한계를 느꼈어요. 4·19 혁명 이후 출범한 장면 정부는 이러한 문제를 극복하기 위해 경제 발전을 위한 근원적인 힘을 길러야만 한다고 생각했지요. 그러기 위해서는 무엇보다 경제 발전 중심의 정책이 필요하다는 판단하에 중장기적인 경제 개발 계획을 수립했지요. 하지만 장면 정부는 5·16 군사 정변으로 그 계획을 실행으로 옮기지는 못했어요.

　박정희 군정은 장면 정부가 수립한 경제 개발 계획을 바탕으로 경제 개발 5개년 계획을 세우고 본격적으로 추진했어요. 그리고 이 계획은 1963년에 들어선 박정희 정부에 의해 계속 이어졌지요. 하지만 당시 정부에는 경제 개발 계획을 추진할 최소한의 자금도 없었어요. 도로와 항만 시설을 확충하고, 산업을 육성하기 위해서는 반드시 자금이 필요했지만 국내에서는 확보할 방법이 없었지요.

　그래서 자금을 확보하기 위해 추진한 것이 바로 일본과의 국교 정상화였어요. 그 대가로 일본이 자금을 지원하기로 했기 때문이지요. 하지만 이 소식이 알려지면서 국민들은 크게 반발했어요. 일본으로부터 해방된 지 얼마 지나지 않은 데다가 제대로 된 사과조차 받지 못한 상황에서 국교를 정상화시킬 수는 없다고 생각한 거예요.

1964년 5월 20일, 한·일 굴욕 회담 반대 학생 총연합회의 주관하에 대학생들이 서울대학교 문리대 교정에 모여 시위를 벌였어요. 이들은 민주주의의 장례를 치르고, 관을 들고 장지인 망우리로 행진했지요. 이를 '민족적 민주주의의 장례식'이라고 불러요. 다음은 민족적 민주주의의 장례식에서 낭독된 조문의 일부분이에요.

시체여! 너는 오래 전에 이미 죽었다. 죽어서 썩어 가고 있었다. 넋 없는 시체여! 반민족적 비민주적 '민족적 민주주의'여. 네 주검의 악취는 '사쿠라'의 향기가 되어 …… 절망과 기아로부터 해방자로 자처하는 소위 혁명 정부가 절망과 기아 속으로 민족을 함멸시키는 데 이르도록 한 너의 본질은 과연 무엇이었느냐?

▌**한·일 국교 정상화 장면** 1965년 6월 22일, 일본 사토 총리 관저에서 한·일 국교 정상화 조인식이 치러졌다.

하지만 박정희 정부는 경제 개발 자금의 필요성 때문에 1965년 '대한민국과 일본국 간의 기본 관계에 대한 조약'을 체결하면서 결국 한·일 국교 정상화를 추진했어요. 이때 청구권 및 경제 협력에 관한 부속 협정을 체결하면서 일본은 우리나라에게 3억 달러의 무상 자금과 총 5억 달러 이상의 차관을 제공하기로 했답니다.

이후에도 경제 개발 자금을 끌어들이기 위한 박정희 정부의 노력은 계속되었어요. 당시 베트남 전쟁 중이던 미국이 우리나라에 파병을 요청하면서 그 대가로 국군의 현대화를 돕고, 경제 개발에 필요한 도움도 주겠다고 약속하자 이를 받아들이기도 했지요. 우리나라는 베트남 파병으로 자금을 확보하며 경제 발전에 박차를 가할 수 있었지만 많은 젊은이들이 목숨을 잃는 등 부작용도 있었답니다.

1960년대 후반부터는 수많은 광부와 간호사들이 독일에 파견되었어요. 당시 독일은 산업이 한창 발전하고 있었어요. 그래서 많은 노동자들이 필요했지요. 그러니까 독일 파견은 일종의 인력 수출인 셈이었어요. 독일에 파견된 노동자들이 낯선 독일 땅에서 어렵고 힘든 일도 마다하지 않고 벌어 온 외화는 당시 경제 개발에 큰 보탬이 되었답니다.

이렇듯 다양한 방법으로 외국에서 끌어온 자금과, 낮은 임금에도 열심히 일한 국민들의 노력으로 우리나라의 경제는 점차 발전하기 시작했어요. 수출품도 계속해서 늘어났지요. 그뿐만이 아니에요. 산업 발전의 기반이 되는 각종 시설도 계속 확충되어 갔지요. 1970년에는 경부 고속 국도가 완공되었어요. 당시로서는 교통의 혁신이라 해도 과언이 아닐 정도로 사람과 물자의 수송이 빨라졌지요. 아마 당시 경제 성장의 1등 공신을 꼽으라면 서울과 부산을 일일생활권으로 연결해 준 경부 고속 국도도 당당히 후보로 꼽힐 거예요.

▌독일로 파견된 한국 광부들 8000여 명의 한국 광부가 1977년까지 독일의 광산에서 노동을 했다.

　오늘날 우리나라의 철강 산업은 세계적인 수준이라고 할 수 있어요. 이는 1968년에 설립된 포항 제철(오늘날 포스코)이 있었기 때문이지요. 포항에서 생산해 낸 철강은 우리나라 중화학 공업 발전의 뿌리로써 다각적인 경제 발전에 이바지했어요. 그리고 발전을 거듭해 오늘날 세계 2위의 철강사로 부상했어요.

　빠르게 발전하는 우리나라 모습에 세계는 깜짝 놀랐어요. 6·25 전쟁 이후 폐허가 되었던 대한민국이 이렇게 빨리 회복할 줄은 예상하지 못했을 테니까요. 사실 대한민국의 발전은 회복 정도가 아니라 기적에 가까웠어요. 그래서 당시 외신들은 우리나라의 성장을 가리켜 한강의 기적이라고 부르기도 했답니다.

　전쟁이 멈추고 20년도 채 지나지 않아 대한민국의 경제는 크게 발전했어요.

■ **1970년대 경부 고속 국도** 서울과 부산을 일일생활권으로 연결해 준 도로이다.

■ **포항 제철** 1980년 경북 포항시 남구 동촌동 일대에 건설된 국내 최초의 고로업체이다.

수출은 계속해서 늘고 1인당 국민 총생산도 급격하게 증가했지요. 물론 우리 나라의 경제가 계속해서 순탄하게 성장한 것은 아니에요. 위기도 있었지요. 1972년 가을부터 전 세계적으로 석유 가격이 크게 뛰었어요. 그렇게 오르기 시 작한 석유 가격은 1974년 봄이 되자 1972년 봄과 비교해 무려 다섯 배나 올랐지 요. 이를 1차 석유 파동이라고 불러요. 전 세계 석유량의 대부분을 차지하던 아 랍 지역의 석유 생산량이 크게 줄어들면서 석유 가격이 폭등했어요. 이것은 석 유가 부족해서가 아니라, 정치적인 이유 때문이었지요. 당시 아랍의 여러 국가들 은 이스라엘과 무력적으로 충돌하고 있었어요. 그런데 미국이 이스라엘을 지원 하자 석유를 생산하는 아랍의 여러 국가들이 석유 생산량을 줄이며 미국 등의 나라에는 석유를 수출하지 않겠다고 선언했지요. 공급량이 크게 줄자 석유 가 격은 크게 오를 수밖에 없었어요.

석유 가격이 폭등하자 우리나라의 경제는 큰 위기에 빠지고 말았어요. 특히

1970년대부터 온 힘을 다해 육성하고 있던 중화학 공업은 석유가 없으면 무용지물이나 마찬가지였지요. 산업을 일으킬 원동력이 없는 것과 같았거든요. 하지만 이대로 무너질 대한민국이 아니었어요. 우리나라의 건설 기업과 노동자들은 아랍 지역으로 눈을 돌렸어요. 아랍 지역은 석유 수출로 부를 축적한 반면, 건설을 비롯한 각종 산업 기술력이 약했거든요. 우리나라의 기업과 기술자들은 아랍 지역으로 진출하기 시작했어요. 송유관 건설과 수로 건설 등 각종 건축 사업에 뛰어들었지요.

뛰어난 건축 기술과 성실성으로 우리나라의 기업과 노동자들은 아랍 지역에서 인정받기 시작했어요. 우리나라는 이렇게 해서 벌어들인 외화로 1970년대 전반기의 석유 파동을 무사히 넘길 수 있었답니다.

대한민국은 다시 경제 발전을 목표로 달리기 시작했어요. 수출량이 계속 늘어나 1977년에는 수출액이 100억 달러를 넘어섰지요. 1인당 국민 소득은 1000달러를 달성했어요. 예상했던 것보다 매우 빠르게 경제가 성장하고 있었지요.

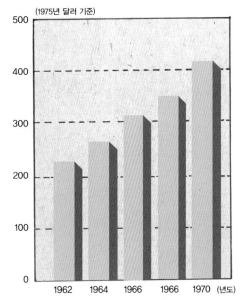
▌1인당 국민 총생산

"친애하는 국민 여러분! 전국의 기업인과 근로자 여러분! 드디어 우리는 수출 100억 달러를 돌파했습니다. 그동안 우리 국민 여러분이 허리띠를 졸라매고 오직 부강한 조국을 건설하겠다는 일념으로 묵묵히 땀 흘리며 매진해 온 지난 날들을 회상하면서 가슴 벅찬 감회를 누를 길이 없습니다. …… 그동안

불철주야 헌신해 온 전국의 기업인과 산업 역군 그리고 수출 유관 기관 임직
원과 특히 오늘 수상의 영예를 차지한 기업체와 수출 유공자 여러분의 노고
에 대해, 나는 충심으로 치하와 격려를 보내는 바입니다."
　　　　　－ 박정희 대통령의 100억 달러 수출의 날 치사(1977년 12월 22일)

　1962년에 처음 시작된 이래 경제 개발 5개년 계획은 5년 단위로 계속 연장되
었어요. 제1, 2차 경제 개발 5개년 계획이 추진될 당시에 우리나라는 수출 위주
의 경공업 발전에 주력했어요. 덕분에 섬유와 신발, 가발 등을 다루는 경공업
분야에서 수출이 증가했지요. 그러다가 1970년대에 시행된 제3, 4차 경제 개발
5개년 계획으로 중화학 공업이 집중적으로 육성되기 시작했어요. 그 영향으로

철강 산업을 비롯해 배를 만드는 조선업과 자동차 산업 등이 크게 발전했지요. 그 결과 1970년대 말에는 중화학 공업의 비중이 경공업을 넘어서기도 했답니다.

　이처럼 국민 경제의 발전과 국민 생활의 향상에 중점을 두고 있던 경제 개발 5개년 계획을 근간으로 대한민국의 경제는 세계를 놀라게 할 정도로 급속히 성장했어요.

경제 호황과
불황의 극복

'한강의 기적'을 이루며 눈부시게 발전했던 우리나라의 경제에 또다시 위기가 찾아왔어요. 1978년 말부터 일어난 제2차 석유 파동으로 세계 경제가 침체되기 시작하면서 우리나라도 타격을 입은 것이지요.

1970년대에 들어 우리나라는 중화학 공업에 집중적으로 투자했어요. 시설을 갖추기 위해 다른 나라에 많은 빚을 지기도 했지요. 중화학 공업을 육성하기 위해서는 석유를 안정적으로 확보하는 것이 중요했어요. 그런데 석유 파동으로 석유 가격이 급등하자, 필요한 만큼의 석유를 수입하기 어려워졌지요. 석유 공급에 차질이 생기면서 중화학 공업이 침체되자 대한민국의 산업은 자연스럽게 내리막길을 걷게 되었어요. 1980년대에 들어서는 경제 성장률이 처음으로 마이너스를 기록했지요.

그러나 1980년대 중반이 되자 대한민국의 경제가 다시 살아나기 시작했어요. 경제 침체에서 벗어나기 위해 정부와 기업, 국민이 지속적으로 노력한 데다 세계 경제 상황이 우리나라에 유리하게 변했기 때문이었지요. 그것은 바로 저금리·저유가·저달러의 3저 호황이었어요. 해외의 원유와 외국 자본 그리고 수출에 의존하던 우리나라에 절호의 기회가 찾아왔어요.

저금리는 이자율이 낮다는 뜻이에요. 우리나라의 정부와 기업은 그동안 기반 시설을 마련하고 경제를 성장시키기 위해 외국에서 많은 자본을 끌어왔어요. 그런데 이자율이 낮아지면서 이자에 대한 부담이 크게 줄었지요.

저유가는 석유 가격이 인하했다는 의미예요. 그동안의 석유 파동으로 큰 타격을 입었던 우리나라는 석유 가격이 낮아지면서 호황을 누리게 되었어요. 1985년에서 1986년 사이 국제 유가는 배럴당 28달러에서 14달러로 폭락했는데 석유 의존도가 매우 높았던 우리나라 산업의 특성상 저유가 상황은 산업 발전에 큰 도움을 주었답니다.

저달러는 대개 미국 달러의 가치가 떨어지는 것을 의미해요. 오늘날과 마찬가지로 당시에도 미국의 달러는 세계적인 통용 화폐였거든요. 그래서 해외에서 공업 원료를 수입하려면 달러가 필요했어요. 이때 달러의 가치가 높으면 달러를 구하기 어렵겠지요. 그런데 달러의 가치가 크게 떨어지면서 우리나라의 기업들은 이전에 비해 더 많은 달러를 확보할 수 있게 되었고 보다 저렴한 가격으로 해외에서 원료를 수입할 수 있었어요. 이전에 비해 더 낮은 가격으로 원료를 수입하면서 상품의 가격 경쟁력은 더욱 올라갔지요. 게다가 원가가 낮아지니 상품의 가격을 낮출 수 있어 수출은 더욱 활기를 띠었어요. 1980년대 중반부터 시작된 대한민국의 호경기는 1990년대에 들어서도 이어졌어요. 그런데 그때 생각지도 못한 일이 일어났어요. 우리나라에 '무역 개방'이라는 과제가 주어진 거예요. 우리나라만 일방적으로 수출하는 것에 다른 나라들이 제동을 건 것이지요.

1980년대 중반부터 1990년대 전반까지 벌어졌던 우루과이 라운드 협상은 자본주의 국가들의 무역에 관한 협상이었어요. 선진 자본주의 국가들은 우리나라를 비롯해 후발 자본주의 국가들의 수출이 늘어나자 협상을 통해 이를 견제하려 했어요. 수출만 할 것이 아니라, 수입도 하라는 것이었지요. 게다가 1995년에는 세계 무역 기구(WTO)가 생겨나면서 개방 압력은 더욱 거세졌어요. 세계의 요구를 계속 외면할 수 없었던 우리나라가 개방을 시작하자 외국 상품들이 하나둘씩 국내로 들어와 이전보다 낮은 가격으로 팔리기 시작했지요.

수입 개방 압력에도 불구하고 우리나라의 경제는 위축되지 않았어요. 1990년대에 들어 반도체, 자동차, 가전제품 등을 중심으로 수출을 늘렸거든요. 그리고 많은 선진국들이 가입되어 있는 경제 협력 개발 기구(OECD)에도 가입했지요.

하지만 호황은 계속되지 못했어요. 얼마 후 우리나라에 엄청난 경제적 위기가 닥쳐왔거든요.

"국민 여러분께 진심으로 사죄합니다. 대기업 연쇄 부도와 금융 기관 부실 자산 증가 그리고 동남아시아 국가들의 금융 불안정까지 겹쳐 우리 경제의 금융 외환 위기에 슬기롭게 대처하지 못하고 국제 통화 기금(IMF)의 긴급 자금을 받기에 이른 데 대해 모든 경제 부처 직원들과 함께 송구스러울 따름입니다."

— 임창렬 경제부총리의 대국민 담화문(1997년 12월 3일)

1997년 말, 우리나라에 외환 위기가 닥쳤어요. 세계 주요 통용 화폐인 달러가 크게 부족한 상황에 처하게 된 거예요. 당시 우리나라의 대기업들은 외국과 은행에 빚을 지며 여러 사업에 투자했어요. 그런데 여러 회사가 같은 사업에 투자를 하다 보니 이익이 적었지요. 쉽게 말하면 대기업들이 빚을 내서 장사를 했는

데 장사가 되지 않아 망한 것이었어요.

기업이 망하면 돈을 빌려 준 은행도 어려워져요. 게다가 대기업에 자재 등을 공급하는 중소기업들도 대기업과 함께 파산하지요. 기업이 파산하면 외국은 더 이상 돈을 빌려 주지 않고, 그러면 기업은 더욱 어려운 상황에 놓여요. 해외에서 원료를 구입하고 싶어도 달러가 없으니 그럴 수 없고, 결국 공장이 문을 닫을 수밖에 없지요. 공장이 문을 닫으면 제품을 생산하지 못하니, 수출에 차질이 생겨요. 게다가 어려워진 기업들이 직원들을 대량으로 해고하고 경기가 악화되면서 전 국민이 어려움을 겪게 되지요. 이러한 악순환이 반복되는 상황에 처하자 대한민국 정부는 어쩔 수 없이 국제 통화 기금(IMF)의 긴급 구제 금융을 지원받기로 했어요. 우리나라 스스로 경제난을 해결하기 어렵다고 판단한 것이지요.

그동안 경제가 나날이 발전하면서 우리나라도 선진국의 반열에 들어설 날이 머지않았다고 기대하고 있던 국민들의 충격은 이루 말할 수 없었어요. 당시 정권을 잡고 있던 김영삼 정부는 국민들에게 사죄하고, 국민 모두가 힘을 합쳐서 경제 위기를 이겨 내자고 할 수밖에 없었어요. 국민들은 정부의 정책 실패와 무능함을 질책했어요. 그리고 그해 치러진 대통령 선거를 통해 정권이 여당에서 야당으로 교체되었지요.

1998년, 국제 통화 기금의 지원을 받던 중 김대중 정부가 들어섰어요. 김대중 정부의 경제 정책 1순위는 국제 통화 기금 체제에서 벗어나는 것이었지요. 정부는 기업의 구조 조정에 적극적으로 나서는 한편, 해외에서 투자금을 끌어오기 위해 최선의 노력을 다했어요. 국민들도 나서서 부족한 달러를 모으기 위해 노력했지요. 국민들은 자발적으로 '금 모으기 운동'을 펼쳤어요. 금은 세계적으로

금 모으기 운동 심각한 경제 위기가 닥치자 국민들이 금을 내놓고 있다.

화폐의 가치를 지니는 귀금속 이거든요.

국민들은 장롱에 있던 금을 꺼내서 팔았어요. 제각기 사연이 있는 물건들이었지만 나라를 위해 아낌없이 내다 팔았지요. 국민들의 적극적인 동참은 국민 스스로 이 위기를 극복해 낼 수 있다는 희망을 만들어 냈어요. 그렇게 3년이 넘는 시간이 흘렀어요.

"그동안 우리의 목표는 오직 한 가지였습니다. 외환 위기 극복과 경제 발전을 이루어 국민의 생활을 편안하게 하고, 국가의 위상을 높여 세계 일류 국가를 만들자는 생각뿐이었습니다. 이제 IMF의 빚을 다 갚으면서, 그 당시 어려웠던 때를 생각하면 감회가 새롭습니다. 그때는 정말 절실하게 빚만 없었으면 좋겠다고 생각했습니다. 이제 우리 국민이 발 벗고 나서 빚을 다 갚고 외환 보유액도 많아져 IMF 외환 위기를 완전히 졸업하게 되었습니다. …… 다 같이 힘을 합쳐 경제를 살립시다. 우리 모두 최선을 다합시다. 국난 극복의 자랑스러운 역사를 만든 근로자와 기업인을 포함한 전 국민의 노고에 대해 다시 한번 감사드립니다."
— IMF 지원 자금 상환 기념 만찬 중 김대중 대통령의 연설(2001년 8월 22일)

우리나라는 각고의 노력 끝에 국제 통화 기금의 관리 체제에서 벗어날 수 있었어요. '비 온 뒤에 땅이 더 굳는다.'는 말처럼 우리 경제는 다시 한 번 도약하기 시작했어요. 휴대 전화, 반도체, 자동차 등 우리나라의 제품들이 세계 시장에서 최고의 경쟁력을 가지게 되었지요. 물론 아직도 넘어야 할 산은 많아요. 하지만 6·25 전쟁 이후 '한강의 기적'을 이루고, 몇 차례의 경제 위기를 슬기롭게 극복해 낸 저력으로 더 크게 도약하고 발전할 수 있을 거예요.

경제 성장 그리고
우리의 과제

6·25 전쟁 이후 몇 차례의 경제 위기를 겪기는 했지만, 우리나라는 성장과 발전을 거듭해 왔어요. 하지만 빛이 있으면 그림자도 있는 법이에요. 특히 급속한 발전을 이룬 우리나라 경제의 경우는 더욱 그러했지요.

경제 개발 5개년 계획은 우리나라를 산업 사회로 이끌었어요. 그러다 보니 자연스럽게 도시를 중심으로 발전하기 시작했지요. 도시에서 노동력을 필요로 하자 농촌의 수많은 젊은이들이 도시로 몰려들었어요. 농촌의 인구는 계속 줄었고, 농촌 인구의 평균 연령은 높아졌어요.

박정희 정부는 이러한 문제를 해결하기 위해 1970년대에 들어 새마을 운동을 전개하기 시작했어요. 새마을 운동은 대통령의 절대적인 후원을 바탕으로 우수한 새마을 지도자의 헌신적인 봉사와 정부의 지원이 연합해 추진된 일종의 근대화 운동으로, 생활 환경의 개선과 소득 증대를 목표로 근면·자조·협동의 3대 정신을 앞세웠어요. 정부는 경제적 자립을 이루고 선진국 대열에 합류하자며 국민들을 독려하는 한편 점차 그 규모를 확대했어요.

새벽종이 울렸네 새 아침이 밝았네.

너도나도 일어나 새 마을을 가꾸세.

살기 좋은 내 마을 우리 힘으로 만드세.

초가집도 없애고 마을 길도 넓히고

푸른 동산 만들어 알뜰살뜰 다듬세.

살기 좋은 내 마을 우리 힘으로 만드세.

— 새마을 노래

농촌 곳곳에 새마을 노래가 울려 퍼졌어요. 정부는 새마을 운동을 통해 농촌 환경을 개선하려 했어요. 농촌에 다양한 시설을 확충하고 농촌 소득을 높이기

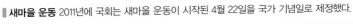

▌**새마을 운동** 2011년에 국회는 새마을 운동이 시작된 4월 22일을 국가 기념일로 제정했다.

위한 여러 가지 방안을 도입했지요.

그 결과 주택이 개량되고, 농지가 정리되는 등 환경이 개선되었고 소득도 이전에 비해 높아졌어요. 하지만 이 과정에서 빚을 지게 된 농민들도 있었지요. 시설에 무리하게 투자한 탓이었어요. 그럼에도 새마을 운동은 그 당시 우리 사회에 큰 혁신을 불러일으켰어요. 농촌에서 시작된 이 운동은 도시로 퍼져 절약 운동 등 의식 개혁 운동으로 확대되기도 했지요.

이외에도 가톨릭 농민회 등의 여러 단체에서 농촌 문제를 해결하기 위해 노력했어요. 그 결과 농촌의 환경은 이전보다 나아졌지만 그래도 여전히 열악했지요. 특히 1990년대에 들어 값싼 외국 농산물이 대거 수입되면서 농민들의 생활은 더욱 어려워졌어요. 그뿐만이 아니에요. 농촌의 젊은이들이 도시로 향하면

▌도시 인구와 농촌 인구의 변화

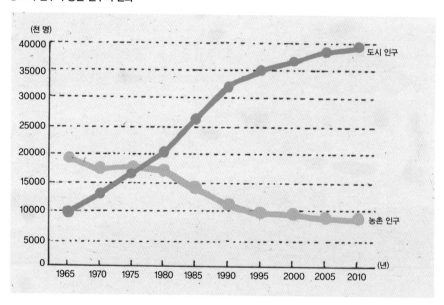

서 결혼을 하지 못하는 농촌 총각들이 늘어났어요. 결혼 문제는 물론, 자녀의 교육 문제 등 해결해야 될 과제가 한두 가지가 아니었지요.

그렇다면 도시에는 문제가 없었을까요? 농촌의 수많은 사람들이 취업을 목적으로 도시로 몰리면서 다양한 문제가 발생했어요. 물론 일자리는 있었어요. 하지만 일자리를 구하러 온 사람들도 많았지요. 노동력이 넘쳐 나자 노동자들은 낮은 임금을 받고 일해야만 했어요. 게다가 노동 환경도 좋지 않았답니다. 장시간 동안 좁고 열악한 곳에서 쉬지 않고 일해야만 했지요. 그나마 그런 일자리도 구하기 힘든 상황이었기 때문에 노동자들은 이 모든 것을 감수해야만 했어요. 일자리를 찾지 못하면 당장 먹고살 일이 문제가 되었거든요.

부당한 대우와 열악한 근무 환경에 노동자들이 무조건 참기만 했던 것은 아니에요. 그 대표적인 사건이 1970년에 있었던 전태일 분신 사건이랍니다.

> 저의 직장은 시내 동대문구 평화 시장으로, 종업원은 3만여 명이 됩니다.
> …… 저희의 요구는 하루 15시간의 작업 시간을 1일 10~12시간으로 단축해 달라는 것입니다. 1개월 휴일 2일을 늘려서 일요일마다 휴일로 쉬기를 원합니다. 건강 진단을 정확하게 해 주십시오. 시다공(보조공)의 수당을 50퍼센트 이상 인상해 주십시오. 절대 무리한 요구가 아님을 맹세합니다. 인간으로서 최소한의 요구입니다.
>
> ─《전태일 평전》(조영래)

서울 청계천 평화 시장에서 봉제 노동자로 일하던 전태일은 '대통령에게 드리는 글'을 써서 유서로 남긴 뒤 분신했어요. 전태일의 죽음은 당시 우리 사회에 큰 충격을 안겨 주었지요.

■ **전태일(1948~1970)** 평화 시장 앞에
전태일을 기리는 동상이 세워져 있다.

그동안 우리나라는 잘사는 나라를 만들기 위해 성장과 발전에만 몰두했어요.
물론 꼭 필요한 일이었지만 그 과정에서 노동자들이 너무도 많은 희생을 치렀지
요. 전태일의 죽음은 대한민국의 노동 환경을 되돌아보게 하는 계기가 되었답
니다.

도시 자체에도 문제는 많았어요. 엄청나게 많은 농촌 인구가 도시로 향했지
만, 이들이 일할 곳과 살 집이 제대로 마련되지 않았기 때문이에요. 그러다 보니
도시 여기저기에 빈민 지역이 생겨났어요. 산 위에 판잣집을 짓고 사는 사람들
도 많았지요. 그곳은 전기, 수도 등의 기반 시설이 제대로 갖춰져 있지 않아 사
람들은 큰 불편을 겪어야 했어요.

이처럼 경제 성장의 이면에는 다양한 문제가 존재했어요. 정부와 민간에서 이러한 문제를 해결하기 위해 다방면으로 노력했지만 쉽게 해결되지 않았지요.

1990년대 후반에 국제 통화 기금의 도움을 받으며 금융 위기를 극복하는 과정에서도 다양한 사회 문제가 생겨났어요. 우선 부실한 기업을 정리하면서 많은 사람들이 직장을 잃었어요. 비용을 줄이기 위해 각 기업에서 정규직이 아닌 계약직 직원을 다수 고용하면서 평생 직장의 개념도 사라지기 시작했지요. 이 때문에 취업 경쟁이 심각해지면서 청년 실업 문제도 대두되었고요.

아직도 성장과 발전을 계속하고 있고 다양한 가능성을 지닌 우리나라가 경제 선진국으로 거듭나기 위해서는 오늘날에도 좀처럼 해결되지 않고 있는 다양한 문제를 하루빨리 해결해야만 할 거예요.

문화의 발전과
한류

경제가 성장하고 정치가 안정되면서 우리나라 국민들의 생활 수준은 갈수록 향상되었어요. 자연스럽게 문화에 대한 수요와 공급도 늘어났지요. 이처럼 대중이 형성하고, 대량 생산과 대량 소비로 이루어지는 문화를 대중문화라고 해요.

우리나라의 대중문화가 비교적 빠른 시간 내에 형성될 수 있었던 가장 큰 원동력은 누가 뭐래도 대중 매체의 보급일 거예요. 1950년대에는 라디오가 보급되기 시작했어요. 사람들은 라디오를 통해 음악을 즐기고 뉴스를 접했지요. 당시에는 라디오 드라마나 만담도 인기가 많았어요. 그러던 것이 1961년에 KBS(한국방송공사)에서 서울텔레비전방송국을 개국하면서 우리나라에도 텔레비전 시대가 찾아왔어요. 덕분에 라디오에서 소리로만 듣던 가수의 노래를 직접 화면으로 볼 수 있게 되었지요. 하지만 이때만 해도 전국적으로 텔레비전을 볼 수 있는 집은 그리 많지 않았어요. 그래서 프로 권투나 국가 대표 축구 경기의 중계가 있는 날이면 텔레비전이 있는 집으로 동네 사람들이 모두 모이곤 했지요.

1970년대에 들어 텔레비전의 보급이 점차 확대되면서 국내외 연예인의 모습이나 그들의 문화를 따라하는 경우가 많아졌어요. 특히 청바지와 통기타 문화는 당시 젊은이를 상징하는 대표적인 문화였지요.

1980년대에는 컬러 텔레비전이 등장했어요. 각 가정마다 텔레비전이 없는 곳이 없을 정도로 보편화되었지요. 그러면서 텔레비전에서 소개되는 각종 가요나 드라마 등이 대중문화 형성에 큰 영향력을 미쳤어요.

1990년대를 거쳐 21세기로 접어들자 대중 매체에도 큰 변화가 일어났어요. IT 산업이 발전하면서 최첨단의 정보 통신 기기들이 등장한 거예요. 대표적인 매체로는 이동 통신 기기를 꼽을 수 있어요. 1990년대까지만 하더라도 통화나 간단

▌**KBS 방송국의 개국 장면** 1961년 12월 31일, KBS 방송국이 개국됐다.

한 문자 메시지만 가능하던 휴대 전화가 21세기에 들어서는 스마트폰으로 발전했어요. 통화 기능은 물론 텔레비전, 라디오, 카메라, 컴퓨터의 기능이 전화기 하나에 모두 들어 있는 멀티미디어 세상이 열렸지요. 이러한 매체의 발전은 대중문화가 급속도로 발전하는 매우 중요한 계기가 되었어요.

스포츠 문화 역시 발전했어요. 1980년에 프로 야구와 프로 축구가 생긴 데 이어 1990년대에는 프로 농구도 생겨났지요. 이들 스포츠는 곧 국민들의 여가 생활에 빠질 수 없는 인기 스포츠로 성장했어요. 많은 사람들이 주말은 물론 평일에도 가족이나 친구들과 함께 경기장을 찾았지요.

▌**2002년 한·일 월드컵** 수만 명의 사람들이 서울 시청 앞에 모여 응원하고 있다.

우리나라의 경제 발전은 우리의 국제적인 위상도 높여 주었어요. 그 결과 세계인의 스포츠 축제인 올림픽이 우리나라에서도 개최되었지요. 당시만 해도 대한민국은 세계에 6·25 전쟁으로 폐허가 된 나라 정도로만 알려져 있었어요. 아예 존재조차 모르는 경우도 많았지요. 하지만 1988년에 서울 올림픽을 개최하면서 우리나라는 세계 각국에 우리의 존재와 위상을 알릴 수 있었어요. 이는 우리나라 기업의 해외 진출에도 큰 도움을 주었지요.

2002년에는 한·일 월드컵을 개최했어요. 이때 우리나라는 월드컵 4강 진출이라는 쾌거를 달성하며 대회를 성공적으로 치러 내 전 세계의 주목을 받았답니다. 그 밖에도 세계 육상 경기 대회와 아시아 경기 대회 등 여러 국제 스포츠 경기를 성공적으로 개최했어요. 그리고 2018년에는 평창 동계 올림픽을 개최할 예정이기도 하지요.

우리나라 문화와 관련해 주목해야 할 현상이 하나 더 있어요. 바로 한류예요. 한류는 1990년대 말부터 아시아에서 일기 시작한 우리나라 대중문화의 열풍을 뜻하는 말로, 전 세계적으로 우리 문화가 큰 인기를 얻고 있음을 상징해요. 처음에는 드라마를 중심으로 한류가 형성되었어요. 우리나라에서 방영되었던 드라마가 아시아의 여러 국가로 수출되면서 드라마에 출현한 배우들이 큰 인기를 끌었지요. 그러던 것이 이제는 'K팝(K-POP)'이라고 불리는 우리나라의 대중음악이 큰 인기를 얻고 있어요. 아시아, 유럽, 아메리카 등 전 세계에서 K팝에 열광

▌**한류 열풍** 한국의 대중문화에 열광하고 있는 외국인들의 모습이다.

하고 있지요. 우리나라의 드라마와 음악이 세계 시장으로 알려지면서 우리나라에 관심을 가지는 외국인들도 크게 늘었어요. 덕분에 대한민국을 찾는 해외 관광객의 수도 크게 늘었지요.

한편 우리나라 방송국 프로그램이 해외로 수출되는 경우도 있답니다. 최근에는 유명 가수들이 실력을 겨루고 탈락자를 정하는 한 프로그램이 중국에 수출되어 크게 흥행했지요. 중국의 한 방송사에서 이 프로그램의 형식을 빌려 방송을 했는데, 시청률 1위를 기록하며 시청자들의 이목을 끌었다고 해요. 이 또한한류의 다른 모습이라고 할 수 있어요.

경제 성장과 문화의 세계화로 세계 속 대한민국의 위상도 크게 높아졌어요. 이를 반영하듯 2006년에 우리나라는 반기문 유엔 사무총장을 배출했어요.

국제 교류가 활발히 이루어지면서 1990년대 이후로 외국인 근로자들의 수도 크게 늘었어요. 그러면서 국제결혼과 다문화 가정도 크게 증가했지요.

21세기는 세계화 시대예요. 교통과 통신의 발달로 전 세계 곳곳에서 일어나는 일들을 실시간으로 확인할 수 있게 되었지요. 이처럼 문화의 전파 속도는 상상을 초월할 정도예요. 세계화 시대에 걸맞게 우

▌**반기문(1944~)** 제8대 유엔 사무총장으로 일하고 있다.

리 문화도 세계화를 지향해야 해요. 하지만 전통 문화 역시 잘 보존하고 지켜야 하지요. 우리 문화와 다른 문화가 함께 공존할 때, 한류는 더욱 널리 퍼지고 세계 속에서 그 가치를 인정받게 될 테니까요.

일본의 고도성장과
거품 경제

6·25 전쟁 이후 우리나라는 세계가 놀랄 만큼 빠르게 경제 발전을 이루었어요. 우리와 함께 동아시아에 속해 있는 일본도 세계 경제에 큰 영향을 끼치는 국가로 발전했지요.

태평양 전쟁 당시 원자 폭탄에 피폭당하며 초토화되었던 일본이 쉽게 일어날 것이라고 생각한 사람은 그리 많지 않았어요. 그러나 한반도에서 일어난 6·25 전쟁은 일본이 다시 도약하는 데 좋은 기회가 되었지요. 세계적인 군수 산업 기술을 보유하고 있던 일본은 6·25 전쟁이 벌어지는 동안 연합군에 군수 물자를 공급했어요. 이 과정에서 일본의 경제는 급속도로 회복되기 시작했지요.

일본의 경제는 놀라운 속도로 발전했어요. 1955년부터 1973년까지 9.1퍼센트의 실질 경제 성장률을 보이며 고도성장을 이루었지요. 이는 그 당시 3퍼센트의 성장률을 보인 미국이나 5퍼센트의 성장률을 기록한 유럽보다 훨씬 높은 성장률로, 일본이 매우 빠르게 성장했음을 나타내요. 물론 1970년대 석유 파동으로 위기를 겪기도 했지만, 이 또한 합리적인 경영 방식과 기술력으로 극복해 나갔어요. 1980년대 일본의 경제 성장은 그야말로 최고 수준에 이르렀어요. 일본이 만든 전자 제품과 자동차는 고품질, 신기술로 인정받으며 전 세계에서 불티나게 팔렸어요.

하지만 일본 경제에 거품이 끼기 시작했어요. 일본 경제가 계속 성장할 것으로 전망되면서 주식과 부동산의 가격이 폭등했지요. 일본 국민들은 너 나 할 것 없이 빚을 내서라도 주식과 부동산을 사들였어요. 기업들도 앞다퉈 돈을 빌려 여기저기에

일본의 오사카 만국 박람회 1970년에 개최된 만국 박람회에서 일본은 경제 성장과 발전된 기술 수준을 세계에 뽐냈다.

투자했지요. 하지만 1990년대에 들어 일본 경제가 하락하면서 주식과 부동산에서도 거품이 꺼지기 시작했어요. 이 과정에서 무리하게 투자를 했던 많은 사람들이 낭패를 보았고, 일본 경제는 불황에 빠졌어요. 하지만 그렇다고 해서 일본 경제가 아예 무너진 것은 아니었어요. 일본은 여전히 자본과 기술력에 있어 경제 선진국 대열에 속해 있거든요.

거품 경제 붕괴로 인한 일본의 경기 침체를 '잃어 버린 10년'이라고 불러요. 일본의 장기 불황은 2002년부터 회복세에 들어섰어요. 브라질, 인도, 러시아, 중국 등에 대한 수출이 늘어나고 규제가 완화되면서 경제가 활성화되었지요. 또한 공적 자금이 투입되면서 금융 기관의 불량 채권이 줄어들고 민간 사업의 부채도 해소되었답니다.

4장

통일을 위한 노력과 동아시아의 평화

분단된 이후 통일은 반드시 이루어야 할 우리 민족의 과제가 되었어요. 통일을 위해 다양한 노력을 기울이고 북한과 계속해서 교류하고 있지만 아직도 넘어야 할 산이 많지요. 한반도의 통일과 평화는 동아시아의 평화, 더 나아가 세계의 평화로 이어지는 중요한 문제예요. 이제부터는 통일을 위한 우리나라의 노력과 동아시아의 평화에 대한 이야기를 살펴보도록 해요.

북한의 독재 세습과
경제 침체

　1945년 8·15 광복 이후 38도선 이북 지역에는 소련군이 들어와 통치를 시작
했어요. 소련군이 공산 정권 수립에 적합한 인물을 정치 일선에 내세우면서 조
만식과 같은 민족주의 계열의 지도자들은 정권에서 점차 배제되었지요. 김일성,
허가이, 김두봉 등 소련이나 중국 등에서 공산주의 활동을 하던 인물들이 세력
을 장악한 가운데, 소련군의 지원을 등에 업은 김일성이 권력의 중심부로 급부
상하게 되었답니다.

　남한에서는 1948년 8월 이승만 대통령을 중심으로 단독 정부가 수립되었어요.
북한에서도 그해 9월에 김일성 등의 주도 아래 조선 민주주의 인민 공화국이 수
립되었지요. 생소하게 들리겠지만 이는 우리가 흔히 말하는 북한의 공식 명칭이
랍니다. 그로부터 2년 뒤 북한은 6·25 전쟁을 일으켰어요. 이 과정에서 김일성을
중심으로 통치 체제가 강화되었지요. 김일성은 어제의 동지도 자신의 권력에 위
협이 된다고 여겨지면 가차 없이 제거하며 권력을 장악했어요.

　1967년 12월에 김일성은 최고 인민 회의에서 내외 정책의 기본 방침을 발표했

어요. 그것은 바로 주체사상이었어요. 김일성은 주체사상을 통해 공산주의 국가인 소련이나 중국에 의지하지 않고, 정치, 경제, 국방 면에서 자주성을 갖추겠다고 밝혔지만 사실은 북한의 주민들을 억압하고 자신의 지배 체제를 강화하는 데 이 사상을 이용했어요. 김일성 개인에 대한 숭배를 합리화하고, 반대 세력을 몰아내는 수단으로도 활용했지요.

1970년대에 들어 북한의 김일성 1인 체제는 더욱 강화되었어요. 1972년에 북한은 사회주의

▌김일성(1912~1994) 1948년부터 사망할 때까지 권력을 독점했다.

헌법을 제정했는데 이 헌법은 김일성을 위한 헌법이나 마찬가지였답니다. 이 헌법에 따라 주석으로 선출된 김일성은 북한의 모든 권력을 장악했어요. 게다가 자신의 아들인 김정일을 후계자로 내세웠지요. 김일성은 왕위를 세습하듯 자신의 권력을 자식에게 물려주려 했어요. 독재 정치를 펼친 것으로도 모자라 권력을 대물림하고자 한 거예요. 김정일은 아버지의 적극적인 후원 속에서 북한의 주요 부문에 나서기 시작했어요. 그리고 1980년대에 이르면서 아버지인 김일성에 못지않게 위상이 높아졌지요.

1994년에 김일성이 사망하자, 김정일은 예정대로 북한의 최고 지도자가 되었어요. 독재의 세습이 이루어진 거예요. 김정일은 국방 위원장의 지위를 가지고

김정은(1984~) 김정일 전 국방위원장의 아들로, 2009년에 후계자로 내정되었다.

북한의 정치와 군사 권력 등을 모두 장악했어요. 김정일 역시 강력한 독재 체제를 구축하면서 김일성 체제와 비교해 보았을 때, 북한의 정치는 크게 달라지지 않았지요. 그런데 북한의 독재 세습은 여기에서 끝나지 않았어요.

2000년대에 들어 건강이 나빠지자, 김정일은 후계자를 공식화했어요. 자신의 셋째 아들인 김정은이었지요. 중요한 자리마다 김정은을 데리고 다니며 그에게 힘을 실어 주었어요. 그 모습은 마치 자신에게 충성을 다한 것처럼 자신의 아들에게도 충성을 다하라는 것처럼 보였어요.

2011년에 김정일이 병으로 사망하자 김정은에게 모든 권력이 집중되었어요. 왕정 체제도 아닌데 무려 3대에 걸쳐 정치권력이 세습되었지요. 이는 세계 역사에서 유래를 찾기 힘든 일이었어요. 그만큼 북한의 독재 체제가 매우 견고하고 심각하다는 것을 의미했지요.

북한의 정치적 상황보다 더 심각한 문제는 따로 있어요. 바로 북한의 경제예요. 6·25 전쟁 이후 북한은 경제적으로 큰 어려움을 겪었어요. 길고 고통스러웠던 전쟁으로 인해 많은 사람이 죽은 데다, 산업 시설과 농지가 파괴되었기 때문이지요. 소련과 중국에서 원조를 일부 받기도 했지만 그것만으로는 나라를 다시 복구하는 데 한계가 있었어요. 심각한 경제난을 해소하기 위해 북한은 1950년대에 경제 운동을 일으켰어요.

"하루에 1000 리를 달린다는 말의 기세처럼 열심히 일해서 생산성을 높이자! 그래서 위대한 사회주의 국가를 건설하자!"

북한이 추진했던 이 운동을 천리마 운동이라고 해요. 어려운 경제를 일으키려는 신념으로 열심히 일해 생산 증대를 꾀한 노동 강화 운동이었지요. 일종의 집단적 사회주의 노동 운동이자 사상 개조 운동이었어요. 그 밖에도 북한은 다양한 경제 계획을 세우고 추진했어요. 하지만 1960년대에 이어 1970년대까지 계속해서 경제는 침체되어 있었지요.

사실 그럴 수밖에 없었어요. 북한의 경제는 너무 폐쇄적이었거든요. 북한은 자유주의 국가와는 교류를 거의 하지 않고, 몇몇 공산주의 국가와만 교류했어요. 하지만 다른 공산주의 국가의 경제 사정 역시 어려운 것은 마찬가지였기 때문에 큰 도움은 되지 못했지요. 게다가 너무 많은 예산을 국방비에 쏟아부었어요. 정작 신경 써야 할 경제와 주민 생활의 안정은 뒷전으로 두고 말이에요.

사회주의 경제 체제 역시 북한의 경제 상황을 열악하게 만드는 데 크게 한몫했어요. 북한은 사회주의 국가로서 공식적으로 사유 재산을 인정하지 않아요. 그러다 보니 노동자들의 생산 의욕은 떨어질 수밖에 없지요. 열심히 일을 해 봤자 이익의 상당 부분은 국가가 가져가 버리고, 정작 노동자에게 분배되는 양은 매우 적었어요. 노력한 만큼 결실을 얻지 못하는 상황이 반복되면서 주민들의 불만은 쌓여 갔지요.

그러자 북한에서는 경제 정책에 약간의 변화를 주었어요. 1980년대에 만들어진 '합작 회사 경영법(합영법)'에 따라 북한도 다른 나라의 사람이나 기업과 함께 회사를 설립하거나 경영 활동을 할 수 있게 되었지요. 폐쇄적인 경제 정책에 한계를 느끼고, 다른 나라의 자본을 끌어들이기 위한 법률을 만든 거예요. 1990년대에 접어들며 북한은 나진·선봉 무역 지대를 만들고 외국인이 투자할 수 있도록 했어요. 하지만 이러한 노력도 큰 성과를 거두지는 못했답니다. 투자자는 투자를 통해 최대한의 이익을 창출하고자 기대해요. 그렇기 때문에 투자

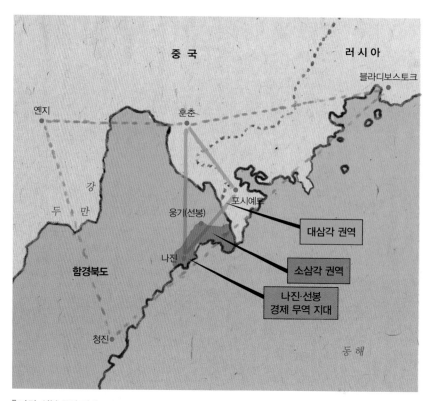

중국

러시아

블라디보스토크

옌지

훈춘

두 만 강

웅기(선봉)

포시예토

함경북도

나진

대삼각 권역

소삼각 권역

나진·선봉
경제 무역 지대

청진

동 해

▌**나진·선봉 무역 지대**

금에 비해 큰 이익이 예상될 때에만 투자를 하지요. 하지만 북한의 폐쇄된 경제 체제와 북한에 투자했을 때 얻을 수 있는 수익 등을 고려하면 외국 투자자들이 보기에 북한의 제안은 그리 매력적이지 않았어요.

북한의 경제는 나아질 기미를 보이지 않았어요. 오히려 갈수록 어려워졌어요. 북한 주민들의 빈곤은 극에 달했어요. 급기야는 식량마저 부족해서 굶주림에 허덕이는 사람들이 크게 늘어났지요. 참다못한 북한의 주민들이 심각한 인권 탄압과 식량난으로 인해 북한을 탈출하기 시작했어요. 북한 당국은 이를 필사적으로 막으려고 하지만, 목숨을 건 탈출은 계속해서 증가하고 있는 추세예요. '꽃제비'도 심각한 사회 문제로 대두되고 있어요. 꽃제비란 일정한 거처 없이 먹을 것을 찾아 떠돌아다니는 북한의 어린아이들을 지칭하는 은어예요. 따뜻한 곳을

▐ **탈북자 검거** 북한을 탈출하려다 붙잡힌 사람들이 몸싸움을 벌이고 있다.

찾아다니는 제비에 빗대어 부르는 말이지요. 지금 이 순간에도 굶주림을 견디다 못해 탈북한 어린아이들이 두만강과 연변 부근에서 구걸이나 소매치기를 하며 하루하루를 힘겹게 살아가고 있어요. 이것만 봐도 오늘날 북한의 경제가 매우 어렵고 심각한 상황에 처해 있다는 것을 잘 알 수 있어요.

통일 원칙에 합의한
남과 북

    1953년 7월 27일에 남한과 북한은 휴전 협정에 합의했어요. 6·25 전쟁이 발발한 지 약 3년 만이었지요. 휴전은 말 그대로 휴전이었어요. 전쟁을 일시적으로 멈춘 것일 뿐, 아예 끝낸 것이 아니었지요. 이 점을 잘 알고 있었던 남한과 북한은 휴전 이후에도 언제 일어날지 모르는 전쟁에 대비하면서 적대적인 관계를 유지했어요.

    그러던 중 남한 쪽에서 먼저 통일에 관한 논의가 본격적으로 시작되었어요. 이승만 정부의 독재와 부정부패로 인해 벌어진 4·19 혁명 이후 출범한 장면 정부 때의 일이었지요. 당시에는 각계각층에서 다양한 요구들이 쏟아지고 있었어요. 그때 일부 학생들을 중심으로 한반도를 중립 지역으로 삼고 통일을 이루자는 목소리가 높아졌어요. 하지만 통일보다 당장의 경제 회복을 시급한 현안으로 둔 장면 정부의 판단에 따라 통일 문제는 더 이상 논의되지 못했지요.

    그 이후에 출범한 박정희 정부는 반공을 중요한 정책 목표로 삼았어요. 호시탐탐 전쟁을 노리는 북한의 도발에 대비하지 않았다가는 제2의 6·25 전쟁이 일어날 수도 있다고 판단했기 때문이에요. 또 때마침 우리 국민들에게 전쟁의 공포를 심어 준 사건이 일어났지요.

1968년 1월에 북한의 특수 부대원 몇몇이 청와대를 습격하기 위해 무장한 채 휴전선을 넘었어요. 이들은 청와대 부근까지 접근하는 데는 성공했지만 결국 발각되고 말았지요. 이들을 사로잡는 과정에서 총격전이 발생해 이들 중 대부분은 죽거나 생포되었고, 일부는 다시 북한으로 도망가기도 했답니다. 그리고 그해 가을에는 동해안에 간첩이 침투했어요.

계속되는 북한의 무력 도발에 많은 국민들이 불안감에 휩싸였어요. 정부도 북한의 움직임에 대비해 전쟁을 준비하기도 했지요. 다행히 전쟁은 일어나지 않았지만, 당시 남한과 북한의 갈등은 극에 달했답니다.

그런데 그즈음 국제 상황이 변동하면서 남북 관계에도 변화의 움직임이 생겨났어요.

"우리 미국은 아시아 국가에서 벌어지는 내란이나 침략에 대해 앞으로 군사적 개입을 하지 않을 생각입니다."

1969년 당시 미국의 대통령이던 닉슨은 위와 같이 말했어요. 그때까지만 해도 미국은 베트남의 공산화를 막기 위해 군대를 파견하고, 오랫동안 그곳에서 전쟁을 치렀어요. 전쟁에 소요된 비용도 컸지만 수많은 군인들이 죽거나 다치는 등 막대한 피해를 입었지요. 미국 내에서도 전쟁을 반대하는 목소리가 높아지던 가운데 닉슨이 더 이상 군사적 개입을 하지 않겠다고 선언했어요. 이것은 조만간 베트남에서 미군을 철수시키겠다는 말과 같은 것이었지요. 닉슨의 선언은 냉전 체제를 완화시키려는 노력이자, 공산주의 국가에 화해를 요청하는 몸짓인 셈이었어요. 이후 미국과 중국의 관계는 조금씩 개선되기 시작했지요.

이처럼 자유주의 세계와 공산주의 세계 간의 갈등이 조금씩 누그러들면서 한 반도에도 변화의 바람이 불기 시작했어요. 1971년에 남과 북의 적십자사가 이산 가족 상봉을 위한 예비회담을 개최하기로 합의한 거예요. 물론 정부가 아닌 민 간단체에서 마련한 회담이었지만, 휴전 이후 대립을 계속하던 남한과 북한이 대 화의 물꼬를 텄다는 면에서 매우 의미 있는 일이었지요. 그리고 이듬해인 1972년 7월 4일에 세상을 깜짝 놀라게 한 발표가 있었어요.

7·4 남북 공동 성명 발표

쌍방은 오랫동안 서로 만나 보지 못한 결과로 생긴 남북 사이의 오해와 불신을 풀고 긴장의 고조를 완화시키며 나아가서 조국 통일을 촉진시키기 위하여 다음과 같은 문제들에 완전한 견해의 일치를 보았다.

먼저 쌍방은 다음과 같은 조국 통일 원칙들에 합의를 보았다.

첫째, 통일은 외세에 의존하거나 외세의 간섭을 받음이 없이 자주적으로 해결하여야 한다.

둘째, 통일은 서로 상대방을 반대하는 무력행사에 의거하지 않고 평화적 방법으로 실현하여야 한다.

셋째, 사상과 이념·제도의 차이를 초월하여 우선 하나의 민족으로서 민족적 대단결을 도모하여야 한다.

분단 이후 처음으로 남한과 북한이 합의 사항을 발표했어요. 더욱 놀라운 것은 자주·평화·민족 대단결이라는 통일 3대 원칙에 의거해 합의했다는 사실이었지요. 남한과 북한은 서로를 비방하지 않고 여러 방면에서 활발히 교류하기로 합의했어요.

남한과 북한은 7·4 남북 공동 성명에서 합의한 통일 원칙과 여러 가지 사항을 이행하기 위해 남북 조절 위원회를 구성하고 운영했어요. 하지만 대화 과정에서 쉽사리 의견을 좁히지는 못했지요. 자주·평화·민족 대단결이라는 원칙 하나하나를 놓고 깊이 있게 논의하다 보니 그것을 해석하는 관점이

▌**7·4 남북 공동 성명 발표** 1972년 7월 4일, 이후락 중앙정보부장이 7·4 남북 공동 성명을 발표하는 모습이다.

서로 달랐기 때문이에요. 특히 북한은 주한 미군의 철수에 관한 문제 등 여러 가지 사항을 트집 잡으며 대화를 이어 가려는 의지를 보이지 않았지요. 결국 남북 조절 위원회는 성과 없이 끝나고 말았어요. 7·4 남북 공동 성명 발표는 우리나라뿐 아니라 세계의 많은 나라들을 깜짝 놀라게 한 사건이었지요. 하지만 남한과 북한이 통일 원칙을 합의하는 데까지는 성공했지만 더 이상 관계를 진전시키지는 못했답니다.

불가침을 약속한
남과 북

　7·4 남북 공동 성명 이행을 위해 구성되었던 남북 조절 위원회가 결렬되면서 남북 관계는 다시 냉랭해지고 말았어요. 대화나 협상이 원만하게 이루어지지 못하는 상황이 이어졌지요. 그렇다고 해서 계속 나쁘기만 했던 것은 아니에요. 1980년대에는 남북 관계가 일시적으로 좋아지기도 했거든요.

　1984년에 남한에 큰 홍수가 나 수많은 수재민이 발생했어요. 이때 북한에서 수재민을 위해 구호 물품을 보낼 의사가 있다고 밝혀 왔어요. 사실 북한의 어려운 경제 상황을 잘 알고 있었기에 북한의 제의를 정중히 거절할 수도 있었지만 우리 정부는 북한의 호의를 받아들였어요. 어쩌면 북한은 당황했을지도 몰라요. 남한이 선뜻 제의를 받아들이면서 당장에 구호 물품을 마련해야 했으니까요.

　얼마 후 북한에서 구호 물품을 보냈어요. 이를 계기로 남한과 북한은 다시 대화를 시작했지요. 1985년에는 이산가족 상봉 및 예술단 공연 교환 방문이 이루어지기도 했고요. 하지만 남북의 교류는 일회성 행사로 그치고 말았어요. 그 뒤로 한동안 교류가 없었지요.

1988년에 노태우 정부가 출범하면서 남북 관계에 또다시 변화가 생겼어요. 노태우 대통령이 적극적인 북방 외교를 선언하고 이를 추진했거든요. 북방 외교는 필요하다면 북쪽의 공산주의 국가인 소련이나 중국과도 적극적으로 교류하겠다는 방침이었지요. 실제로 노태우 정부 때 우리나라는 소련 및 중국과 국교를 맺었어요. 이러한 남한의 움직임에 북한은 조금씩 긍정적인 반응을 보이기 시작했지요.

사실 북한은 당시 공산주의 세계의 변화에 민감하지 않을 수 없었어요. 동유럽의 공산주의 국가들이 하나둘씩 붕괴되기 시작했거든요. 경제난과 민주주의에 대한 국민의 요구로 결국 공산 정권이 무너지고 있는 상황이었지요. 거기에다 자유주의 국가인 서독이 공산주의 국가인 동독을 흡수 통일하는 상황도 벌어졌어요. 이러한 일련의 변화에 북한은 긴장하지 않을 수 없었지요.

드디어 북한이 다시 남한과 대화하기 시작했어요. 1990년 9월에 남북한의 총리가 회담을 갖는 역사적인 일이 일어났지요. 그 뒤로 남북한은 서로를 방문하며 계속해서 남북 고위급 회담을 열었어요.

그러던 중 1991년에 남한과 북한이 동시에 유엔에 가입했어요. 세계 평화를 위해 창설된 국제 기구에 남북한이 함께 가입하면서 한반도에는 평화의 분위기가 감돌았지요. 그리고 마침내 남북한은 최초의 공식 합의서를 채택했답니다.

남북 기본 합의서

남과 북은 분단된 조국의 평화적 통일을 염원하는 온 겨레의 뜻에 따라 …… 평화 통일을 성취하기 위한 공동의 노력으로 경주할 것을 다짐하면서, 다음과 같이 합의하였다.

제1조 남과 북은 서로 상대방의 체제를 인정하고 존중한다.

제2조 남과 북은 상대방의 내부 문제에 간섭하지 않는다. ……

제3조 남과 북은 상대방에 대한 비방, 중상을 하지 않는다.

제4조 남과 북은 상대방을 파괴, 전복시키려는 일체 행위를 하지 않는다.

제9조 남과 북은 상대방에 대하여 무력을 사용하지 않으며, 상대방을 무력으로 침략하지 아니한다.

제10조 남과 북은 의견 대립과 분쟁 문제들을 협상을 통하여 평화적으로 해결한다. ……

제12조 남과 북은 이 합의서 발표 후 3개월 안에 남북 공동 군사 위원회를 설치, 운영한다. ……

제15조 남과 북은 민족 경제의 통일적이며 균형적인 발전과 민족 전체의 복리 향상을 도모하기 위하여 자원의 공동 개발, 민족 내부의 교류로서의 물자 교류, 합작 투자 등 경제 교류 협력을 실시한다.

▌**제1차 남북 고위급 회담** 1990년 9월, 서울에서 개최된 제1차 남북 고위급 회담에서 남북 관계 개선을 위한 기본 합의서안을 제시했다.

1972년에 있었던 7·4 남북 공동 성명은 양측이 서로 합의서를 작성하고 서명한 것이 아니라, 단지 통일 원칙 등에 대해 발표한 것이었어요. 하지만 1992년의 남북 기본 합의서는 남북한이 서로 합의서를 만들어 서명까지 했지요. 이 합의서에서 남북한은 7·4 남북 공동 성명 때 논의되었던 통일 원칙을 다시 확인했어요. 그리고 남한과 북한이 서로 무력을 사용하지 않고, 침략하지 않겠다는 조항을 포함시켰지요. 정부 관계자는 이에 덧붙여 더욱 놀라운 소식을 전했어요.

"남한과 북한이 불가침에만 합의한 것이 아닙니다. 한반도의 비핵화에 대한 공동 선언에도 합의했습니다."

한반도 비핵화에 관한 공동 선언

1. 남과 북은 핵무기의 시험, 제조, 생산, 접수, 보유, 저장, 배치, 사용을 하지 아니한다.
2. 남과 북은 핵에너지를 오직 평화적 목적에만 이용한다.
3. 남과 북은 핵 재처리 시설과 우라늄 농축 시설을 보유하지 아니한다.
4. 남과 북은 한반도의 비핵화를 검증하기 위하여 상대측이 선정하고 쌍방이 합의하는 대상들에 대하여 남북 핵통제 공동 위원회가 규정하는 절차와 방법으로 사찰을 실시한다.
5. 남과 북은 이 공동 선언의 이행을 위하여 공동 선언이 발효된 후 1개월 안에 남북 핵통제 공동 위원회를 구성, 운영한다.

한반도의 평화에 큰 걸림돌이 되었던 핵무기를 놓고 평화적인 합의가 이루어진 거랍니다.

남과 북,
두 정상의 만남

남북 기본 합의서를 채택한 이후 남북 관계에는 청신호가 켜졌어요. 하지만 이러한 분위기는 그리 오래가지 않았어요. 북한이 한반도 비핵화 공동 선언을 어기고 핵 개발의 움직임을 보였거든요. 남한과 미국 등이 이를 무마시키는 과정에서 갈등이 발생하기도 했지요.

1994년에 또다시 반가운 소식이 전해졌어요. 우리나라의 김영삼 대통령이 북한의 김일성 주석을 만나기로 했다는 소식이었지요. 분단 이후 처음으로 남북의 정상이 회담을 갖기로 합의한 거예요. 회담의 날짜는 1994년 7월 25일에서 27일로 정해졌어요. 회담 날짜가 다가오자 여기저기에서 흥분과 기대의 목소리가 높아지기 시작했지요.

"긴급 속보를 알려드립니다. 1994년 7월 8일, 북한의 김일성 주석이 돌연 사망했습니다."

김일성의 급작스러운 사망 소식에 남북한 모두 깜짝 놀랐어요. 당연히 남북 정상 회담은 무산되었고, 남북한의 관계는 다시 어두운 그림자가 드리워졌지요. 최고 통치자를 잃은 북한은 혹여나 있을지 모르는 내란에 대비해 체제 단속에 나섰어요. 그 과정에서 남한에 대한 비방도 서슴지 않았지요. 결국 남북 관계는 또다시 갈등 관계로 돌아설 수밖에 없었어요.

1998년에 출범한 김대중 정부는 북한에 대해 햇볕 정책을 폈어요. 이는 따사로운 햇볕처럼 북한을 포용하면서 북한과 적극적으로 교류하겠다는 정책이었지요.

그해에는 남한과 북한의 합의 아래, 금강산 관광이 시작되었어요. 정부의 햇볕 정책이 어느 정도 성과를 거둔 거예요. 북한의 입장에서는 경제난을 타개하

▌**김대중 대통령(우)과 김정일 국방 위원장(좌)** 2000년 김대중 대통령이 북한을 방문해 김정일 국방 위원장을 만났다.

기 위해 금강산을 개방한 것이었지만 우리 정부는 금강산 관광을 매개로 북한과 대화하고 교류를 확대할 생각이었지요.

2000년 6월 13일에는 분단 이후 우리 역사에서 가장 감격스러운 일 중 하나가 일어났어요. 그동안 남북 간의 교류를 적극적으로 도모하던 김대중 대통령이 북한을 전격적으로 방문한 거예요. 남북한 양측 모두 남북 정상 회담에 합의하면서 당시 대통령이었던 김대중 대통령이 북한을 방문하게 된 것이었지요.

"반갑습니다. 만나고 싶었습니다."

대통령 특별기 편으로 한 시간여의 비행 끝에 평양 순안 공항에 도착한 김대중 대통령은 김정일 국방 위원장에게 인사말을 건넸어요. 김정일은 예상을 깨고 비행기 앞까지 나와 김대중 대통령을 영접했지요. 두 정상은 두 손을 꼭 잡고 반갑게 인사를 나누었어요. 국내외의 언론들은 이 역사적인 순간을 쉴 새 없이 보도했지요.

전 세계의 관심 속에서 회담을 마친 두 정상은 김대중 대통령의 방북 마지막 날인 6월 15일에 공동 선언문을 발표했어요.

6·15 남북 공동 선언

남북 정상들은 분단 역사상 처음으로 열린 이번 상봉과 회담이 서로 이해를 증진시키고 남북 관계를 발전시키며 평화 통일을 실현하는 데 중대한 의의를 가진다고 평가하고 다음과 같이 선언한다.

1. 남과 북은 나라의 통일 문제를 그 주인인 우리 민족끼리 서로 힘을 합쳐 자주적으로 해결해 나가기로 하였다.
2. 남과 북은 나라의 통일을 위한 남측의 연합제 안과 북측의 낮은 단계의 연방제 안이 서로 공통성이 있다고 인정하고 앞으로 이 방향에서 통일을

지향시켜 나가기로 하였다.

3. 남과 북은 올해 8·15에 즈음하여 흩어진 가족, 친척 방문단을 교환하며, 비전향 장기수 문제를 해결하는 등 인도적 문제를 조속히 풀어 나가기로 하였다.

4. 남과 북은 경제 협력을 통하여 민족 경제를 균형적으로 발전시키고 사회, 문화, 체육, 보건, 환경 등 제반 분야의 협력과 교류를 활성화하여 서로의 신뢰를 다져 나가기로 하였다.

5. 남과 북은 이상과 같은 합의 사항을 조속히 실천에 옮기기 위하여 빠른 시일 안에 당국 사이의 대화를 개최하기로 하였다.

남북의 정상이 합의에 나서면서 이후 남북 교류는 급물살을 탔어요. 먼저 그

▌**남북 이산가족 상봉** 2000년 정상 회담 이후 이산 가족 상봉이 이루어졌다.

▌**개성 공단** 개성시 봉동리 일대에 조성된 공업 단지이다.

해에 이산가족 상봉이 이루어졌어요. 그리고 남한과 북한이 생산 시설을 구축하고 기술과 노동력을 합작하는 개성 공단이 건설되었지요. 남한과 북한을 상징적으로 잇는 경의선의 복구 사업이 진행되기도 했고요. 금강산 관광도 바닷길을 이용해 많이 불편했던 이전과 달리, 2003년부터는 육로를 이용할 수 있게 되었지요. 이 과정에서 남한과 북한의 관계는 매우 호전되었답니다.

　김대중 정부의 남북 교류에 대한 정책은 노무현 정부로도 이어졌어요. 노무현 대통령은 2007년 10월에 북한을 방문하여 김정일을 만났어요. 남북 간의 두 번째 정상 회담이 이루어진 거예요. 특히 노무현 대통령의 방북은 비행기를 이용하지 않고 육로를 통해 군사 분계선을 넘었다는 점에서 큰 화제가 되기도 했답니다. 이때 노무현 대통령은 직접 걸어서 군사 분계선을 넘었어요. 김구가 38선

을 넘고 난 이후 60년 만의 일이었지요.

　두 정상은 회담을 마친 뒤 10·4 남북 공동 선언을 발표했어요. 이 선언의 핵심 내용은 6·15 남북 공동 선언을 계승해 남북 관계를 발전시키고 평화 번영을 위해 서로 노력하자는 것이었지요.

　이렇게 정상 회담까지 했지만 그 이후 남한과 북한의 관계가 계속 순탄했던 것은 아니에요. 북핵 문제 등으로 관계가 계속해서 요동치며 좋아졌다가도 급격히 나빠지는 경우들이 생겼거든요. 하지만 통일을 위한 우리 민족의 노력은 앞으로도 계속되어야 할 거예요. 평화 통일이라는 민족적 과제를 완수하기 전까지는 말이에요.

동아시아의
평화를 위한 길

　동아시아의 평화를 위해서는 한반도의 긴장 관계를 해소하는 것이 무엇보다 중요해요. 그렇기 때문에 북한의 핵 문제와 관련해 남한과 북한 그리고 미국, 중국, 러시아, 일본 등이 6자 회담을 열기도 했지요. 그런데 북한의 핵 문제 이외에도 동아시아의 평화를 위해 해결해야 할 것들이 더 있답니다. 그것은 바로 우리나라 주변 국가들과의 영토 갈등과 역사 왜곡에 대한 문제예요.

　그중 대표적인 것이 독도 문제예요. 독도는 우리나라가 •실효 지배를 하고 있는 것이 아니라, 명백한 우리의 영토예요. 역사적으로나 국제법상으로나 이의를 제기할 여지가 없지요.

　울릉도와 독도는 신라가 우산국을 정복하면서 우리의 영토가 되었어요. 그리고 조선 숙종 때의 어민인 안용복은 일본까지 가서 당당히 항의해 울릉도와 독

실효 지배 어떤 정권이 특정 영토를 실제로 통치하고 있는 것을 말한다.

도가 조선의 땅임을 문서로 인정받기도 했지요. 일본의 옛 문서들을 살펴보면 독도는 조선의 땅으로 기록되어 있어요. 제2차 세계 대전 직후 일본이 강제로 점령한 땅을 반환하는 과정에서 발령된 연합국 최고 사령부지령 제677호에도 독도는 우리의 영토로 정확히 명시되어 있지요. 그런데도 일본은 계속해서 독도가 자국의 영토라고 주장하면서 한·일 관계를 어렵게 만들고 있어요.

일본의 정치인들은 하루가 멀다 하고 독도가 일본의 영토라는 망언을 내뱉고 있어요. 그것도 모자라 일본의 고등학교 교과서와 교사용 학습 지도 해설서에서는 독도를 일본의 영토로 표기하고 있지요. 국가적인 차원에서 독도를 일본의 영토로 규정하려는 노력을 계속하고 있어요. 일본의 이러한 도발은 한·일 간의 우호적인 관계를 유지하는 데 장애물이 되고 있지요.

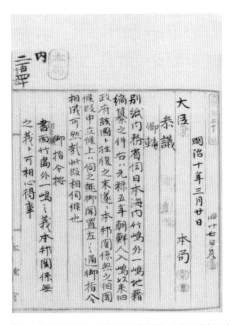

▌독도가 일본의 영토가 아님을 밝힌 일본 태정관 지령 문서

▌연합국 최고 사령부 지령 제677호 관련 지도

일본의 역사 인식도 동아시아 평화에 큰 걸림돌이 되고 있어요. 일본의 고위급 정치인 중에는 야스쿠니 신사에 참배하는 이들이 많아요. 야스쿠니 신사는 도조 히데키 등 태평양 전쟁을 일으킨 A급 전쟁 범죄자들이 합장된 곳이에요. 일본을 이끄는 정치인들이 그런 곳에 가서 참배를 한다는 것은 이들이 지난 역사를 반성하고 있지 않다는 뜻이지요.

일본은 중·일 전쟁과 태평양 전쟁을 일으키면서 아시아를 넘어 전 세계의 평화를 위협했어요. 그런 일본으로 인해 헤아릴 수 없이 많은 사람들이 목숨을 잃었지요. 자신들이 저지른 잘못에 대한 진정한 반성도 없이 겉으로만 동아시아의 평화를 외치는 것은 이중적인 태도임이 분명해요. 일각에서는 일본의 이러한 태도에 일본이 다시 군국주의의 길로 들어서는 것은 아닌지 크게 우려하기도 해요. 실제로 일본은 침략적 행위와 식민 지배를 정당화하는 내용을 교과서에 수록하고 일본의 식민 지배로 아시아가 근대화를 이루었다는 적반하장 식의 발언도 서슴지 않고 있지요.

중국의 역사 인식 역시 경계해야 할 대상이에요. 중국이 2002년부터 추진하고 있는 동북 공정 때문이지요. 동북 공정은 중국 동북 지역의 역사와 지리, 민족 문제 등을 연구하는 국가 프로젝트예요. 이 프로젝트를 진행하며 중국은 우리의 역사인 고구려와 발해 등을 중국의 역사에 포함시켰어요. 이 때문에 우리나라와 중국은 역사 갈등을 겪고 있답니다.

이처럼 우리나라는 주변 국가와 영토 문제는 물론, 역사를 인식하는 문제에 있어 해결해야 할 과제가 많아요. 이를 위해 정부와 민간이 상호 협력해 국제 사회에서 슬기롭게 대처해야만 해요. 그리고 동아시아 여러 국가들이 역사를 올바로 규명하기 위해 공동 연구 등의 노력을 기울여야 하지요. 동아시아의 평화는 어느 한 나라의 몫이 아닌, 모두가 노력해야 할 과제니까요.

▌**독도** 경상북도 울릉군 울릉읍 독도리 산 1-96번지로 우리나라 동쪽 제일 끝에 위치한 섬이다.

오늘날 동아시아의
영토 분쟁

중국과 일본의 센카쿠 열도(중국명 댜오위다오) 분쟁

동중국해 부근에 있는 센카쿠 열도에는 다섯 개의 섬이 있어요. 이 섬을 둘러싼 중국과 일본의 영토 분쟁은 심각한 수준에 이르고 있어요. 이 문제로 양국이 군사적 충돌을 일으킬 뻔했던 적도 한두 번이 아니지요.

중국은 이 지역이 원래 중국의 영토였으나, 청·일 전쟁 때 일본이 강탈해 갔다고 주장하며 반환을 요구하고 있어요. 이에 대해 일본은 태평양 전쟁 이후 미국이 오키나와를 점령했다가 1970년대에 이를 반납하면서 센카쿠 열도도 일본에 반환되었다며 맞서고 있지요. 이곳에 석유 등 천연자원의 매장량이 풍부하다는 사실이 알려지면서 두 국가의 영토 분쟁은 위험 수위를 넘나들고 있는 실정이랍니다.

일본과 러시아의 쿠릴 열도 분쟁

쿠릴 열도는 러시아 동부, 사할린 주 동쪽에 있는 화산섬의 무리로, 캄차카 반도와 일본 홋카이도 사이, 태평양과 오호츠크 해 사이를 활처럼 늘어서 있어요. 일본과 러시아는 여기에 있는 네 개의 섬을 서로 자신의 영토라고 주장하며 대립하고 있어요. 19세기에 일본은 러시아와 협약을 맺으면서 사할린은 러시아

**분쟁이 일어나고 있는 센카쿠
열도와 쿠릴 열도 지역**

가, 쿠릴 열도는 일본이 지배하기로 했어요. 그런데 문제는 태평양 전쟁 당시에 소련이 쿠릴 열도를 강제로 점령하면서부터 발생했지요. 1956년 소련은 일·소 공동 선언을 통해 일본에게 네 개의 섬 중 두 개의 섬을 반환하기로 했어요. 그런데 소련에서 분리된 러시아가 두 개 섬에 대한 반환을 거부하면서 두 나라 사이에 영토 분쟁이 일어나게 되었어요.

술술 한국사 연표

고
려
시
대

조
선
시
대

조
선
시
대

대한
제국

171

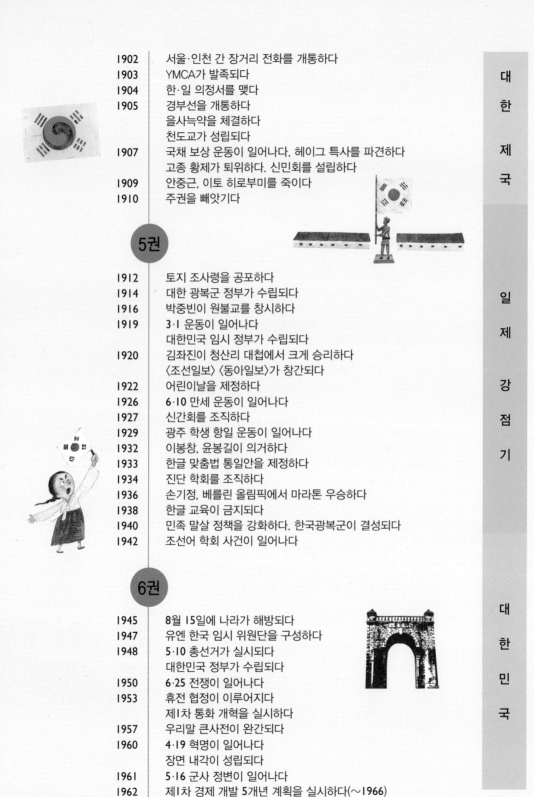

1963	박정희 정부가 성립되다
1965	한·일 협정을 조인하다
1966	한·미 행정 협정을 조인하다
1967	제2차 경제 개발 5개년 계획을 실시하다(~1971)
1968	1·21 사태가 일어나다
1970	새마을 운동이 시작되다. 경부 고속 국도를 개통하다
1972	제3차 경제 개발 5개년 계획을 실시하다(~1976)
	7·4 남북 공동 성명을 발표하다. 남북 적십자 회담을 개최하다
	10월 유신이 일어나다
1973	6·23 평화 통일을 선언하다
1974	북한 땅굴을 발견하다
1976	판문점 도끼 만행 사건이 일어나다
1977	제4차 경제 개발 5개년 계획을 실시하다(~1981)
1978	자연 보호 헌장을 선포하다
1979	10·26 사태가 일어나다
1980	5·18 민주화 운동이 일어나다
1981	전두환 정부가 출범하다
1983	KAL기 피격 참사, 아웅산 사건이 일어나다
	KBS, 이산가족 찾기 TV 생방송을 하다
1985	남북 고향 방문단의 상호 교류가 이루어지다
1986	서울 아시아 경기 대회를 개최하다
1987	6월 민주 항쟁이 일어나다
1988	한글 맞춤법이 고시되다. 노태우 정부가 출범하다
	제24회 서울 올림픽 대회를 개최하다
1989	동구권 국가와 수교하다
1990	소련과 국교를 수립하다
1991	남북한이 유엔에 동시 가입하다
1992	중국과 국교를 수립하다
1993	김영삼 정부가 출범하다
1994	북한, 김일성이 사망하다
	정부 조직을 개편하다
1995	지방 자치제를 실시하다
	한국, 유엔 안보리 비상임 이사국에 뽑히다
1996	경제 협력 개발 기구(OECD)에 가입하다
1998	김대중 정부가 출범하다

대
한

민

국

-- 2000

2000	남북 정상 회담, 6·15 남북 공동 선언을 하다
	아시아·유럽 정상 회의(ASEM)를 개최하다
2002	한·일 월드컵 대회를 개최하다
	제14회 부산 아시아 경기 대회를 개최하다
2003	노무현 정부가 출범하다
2005	아시아·태평양 경제 협력체(APEC) 정상 회의를 개최하다
2006	수출 3000억 달러를 돌파하다
2007	반기문, 유엔 사무총장에 취임하다
	제2차 남북 정상 회담을 개최하다
2008	이명박 정부가 출범하다
2013	박근혜 정부가 출범하다

참고도서 및 인터넷 사이트

신편 한국사, 국사편찬위원회, 2013

대한민국사자료집, 한국현대사자료집성, 국사편찬위원회, 2010

자료대한민국사, 국사편찬위원회, 2008

자료 한국근현대사 입문, 이종범 외, 혜안, 1995

학교에서 가르쳐주지 못한 우리 역사, 원유상, 좋은날들, 2013

사진과 그림으로 보는 한국 현대사, 서중석, 웅진지식하우스, 2005

동아시아의 역사 분쟁, 이찬희 외, 동재, 2007

미래를 여는 역사, 한중일3국공동역사편찬위원회, 한겨레출판

너희들은 무엇을 외칠래?, 종이비행기 편집부, 종이비행기, 2011

사료 한국사, 이연복 외, 신서원, 1994

일본군 위안부 문제와 젠터, 스즈키 유코, 나남, 2010

중학교 역사2, 김덕수 외, 천재교과서, 2013

중학교 역사2, 양호환 외, 교학사, 2013

중학교 역사2, 김형종 외, 금성출판사, 2013

중학교 역사2, 이문기 외, 두산동아, 2013

중학교 역사2, 정선영 외, 미래엔, 2013

중학교 역사2, 조한욱 외, 비상교육, 2013

중학교 역사2, 한철호 외, 신사고, 2013

중학교 역사2, 주진오 외, 천재교육, 2013

중학교 역사2, 정재정 외, 지학사, 2013

〈참고 사이트〉

국가기록원 http://www.archives.go.kr/

대한민국국회 http://www.assembly.go.kr/

통일부 통일교육원 http://www.uniedu.go.kr/

법제처 국가법령정보센터 http://www.law.go.kr/

사진 출처

사진으로 보는 한국 백 년(동아일보사)

13p(해방의 기쁨을 만끽하는 사람들), 18p(모스크바 3국 외상 회의의 결정을 지지하는 좌익 세력과 우익 세력의 반응, 32p(대한민국 정부 수립 선포식), 36p(인천 상륙 작전), 40p(서울 수복 기념), 44p(남한을 지원한 유엔군의 모습, 북한을 지원한 중국 공산군의 모습), 45p(휴전 협정을 체결하는 유엔군과 공산군의 모습), 47p(폐허가 된 서울), 53p(제헌 국회의 개원식, 이승만 대통령을 선출한 제헌 국회), p54(체포되어 끌려가는 반민족 행위자들), 55p(이광수), 60p(자유당 지지 표어, 민주당 지지 표어), 69p(대학 교수들의 거리 시위), 70p(이승만 대통령의 하와이 망명), 72p(장면 정부의 출범), 75p(장면 정권의 몰락), 72p(박정희), 131p(KBS 방송국 개국 장면)

대한민국 정부 기록 사진집

94p(박종철의 사망으로 인해 발생한 시위), 78p(베트남으로 파병되는 국군), 83p(1972년 대통령 선거), 114p(1970년대 경부 고속 국도), 125p(새마을 운동),

대한민국 역사박물관
84p(부·마 항쟁), 113p(독일로 파견된 한국 광부들의 모습),

4·19 기념관
p66(경무대로 향하는 시민과 학생들),

권태균
91p(5·18 민주 항쟁 추모탑), 95p(6월 민주 항쟁), 106p(전쟁고아), 107p(이산가족을 찾는 사람들), 128p(전태일), 132p(2002년 한·일 월드컵), 134p(반기문), 141p(김일성), 163p(독도)

여운형 기념관
23p(여운형)

백범 기념관
26p(김구)

연합포토
64p(김주열), 133p(한류 사랑), 157p(개성 공단)